나는 오늘도
유럽으로 출근한다

나는 오늘도 유럽으로 출근한다

펴낸날 초판 1쇄 2024년 4월 5일

지은이 박승은
펴낸이 서용순
펴낸곳 이지출판

출판등록 1997년 9월 10일
등록번호 제300−2005−156호
주소 03131 서울시 종로구 율곡로6길 36 월드오피스텔 903호
대표전화 02−743−7661   **팩스** 02−743−7621
이메일 easy7661@naver.com
디자인 김민정
일러스트 강찬미
인쇄 ICAN
물류 (주)비앤북스

값 17,500원

ISBN 979−11−5555−217−9   03320

※ 잘못 만들어진 책은 교환해 드립니다.

나는 오늘도
유럽으로 출근한다

A Korean female entrepreneur's journey in Luxembourg

박승은 Semi PARK, LUXKO 대표

이지출판

■ 박승은 대표님은 2018년 룩셈부르크에서 처음 뵈었을 때부터 지금까지 비즈니스를 대하는 자세와 태도가 한결같았습니다. 그건 바로 강인한 한국 여성의 힘이라는 생각이 들어 뿌듯했습니다. 이 책의 내용처럼, 박승은 대표님은 많은 사람들을 통해 얻은 통찰력(insight)과 좋은 에너지로 자신의 열정을 하나하나 만들어 왔다는 것을 알 수 있습니다. 그 열정을 앞으로도 유럽에서 더욱 펼쳐나갈 수 있도록 늘 응원하겠습니다.

– **이성희 박사** (주)컨텍 대표이사

The author's attitude and behavior toward business has always been consistent since I first met her in 2018, Luxembourg. I am proud to observe the power of Korean women through her. As this book describes, you can learn how she has created her passion gradually with the insight and positive energy she gained from the people she met. I am always rooting for her passion further to spread in Europe.

– **Dr. Sunghee LEE,** Founder and CEO, CONTEC Co. Ltd

■ 이 책의 저자 박승은 대표를 통해 룩셈부르크라는 작은 나라가 세계적인 글로벌 자산운용사들을 유치하고 유럽투자은행(EIB, European Investment Bank)과 유럽투자펀드(EIF, European Investment Fund)들의 본부가 있는 유럽 금융의 허브라는 것을 알게 되었습니다. 성균관대학교 SKK GSB 교수로서, 룩셈부르크가 한국의 능력 있는 청년들에게 특별한 기회를 제공할 수 있는 엄청난 잠재력을 가진 나라라고 생각합니다. 이 책이 한국의 젊은이들에게 새로운 시각을 갖게 할 것입니다.

— **영주 닐슨** 성균관대학교 SKK GSB 교수, 금융전문가

Thanks to the author, I got to know about Luxembourg with huge potential in terms of European finance impact with the presence of EIB (European Investment Bank), and EIF (European Investment Fund) with global asset management companies. As a professor at the SKKU Global MBA school in South Korea, I am certain that Luxembourg has great potential to attract young Korean professionals. I am sure that this book can provide some new insights.

— **Dr. Prof. Youngju Nielsen,** University of Sungkyunkwan SKK GSB, Finance expert

■ 이 책에서 박승은 대표가 언급했듯이, 룩셈부르크는 투자펀드의 글로벌 중심지이자 패밀리 오피스(고액 자산가 가문의 자산관리회사)의 중요한 중심지입니다. 박승은 대표는 룩셈부르크만의 독특한 다문화 환경이 경제적·사회적 성장과 성공에 기여한 요인 중 하나라고 잘 설명했습니다. 2024년 여름에 룩셈부르크와 한국에 대사관이 개설되면, 양국 간의 우수한 비즈니스 및 정치 관계를 발전시키는 데 더욱 기여할 것입니다.

– **필립 하를레스** Arendt & Medernach 법무법인 파트너장

As mentioned by the author in the book, Luxembourg is a global center for investment funds and an important hub for family offices. The author describes Luxembourg's unique multicultural environment which is one of the factors having contributed to its economic and social growth and success. The opening of the embassies in Luxembourg and South Korea, respectively, in 2024 will further contribute to foster the excellent business and political relationships between the two countries.

– **Philippe Harles,** Partner of Arendt Medernach (Law Firm)

■ 한국은 유럽이 들여와야 할 최첨단 혁신 기술들을 보유한 강국이어서, 저희와 같은 벤처투자사에게 매우 흥미로운 국가입니다. 박승은 대표가 이 책에서 룩셈부르크의 '재정 안정성'에 대해 설명했듯이, 그런 장점 때문에 저희 투자사는 룩셈부르크에 기반을 두고 전 세계 우수 기업들에 투자하고 있습니다. 룩셈부르크의 다문화 및 다양성은 기업가와 투자자 모두에게 매우 매력적인 국가입니다.

– **제롬 위타메르** Expon Capital 창립 파트너

South Korea is absolutely an interesting spot for a VC like us as there are great innovative technologies that Europe needs to bring in. As the author described in the book about Luxembourg's strong financial stability, our VC firm is based in Luxembourg and invests in innovative companies globally. As the author described in the book, Luxembourg's multicultural diversity is a strength for both entrepreneurs and investors.

– **JÉRÔME WITTAMER,** Founding Partner of Expon Capital (Venture Capital)

■ 저희가 룩셈부르크에 건설 중인 GRIDX는 최대 규모이자 유럽에서도 찾아보기 어려운 엔터테인먼트 · 리테일 복합문화공간입니다. 박승은 대표의 도움으로 다양한 최첨단 한국 기술들을 이곳에 도입할 예정입니다. 이 책에서 소개했듯이, 룩셈부르크는 잘 알려지지 않은 마치 숨겨진 보석처럼 작은 나라지만, 세계 GDP 1위 국가입니다.

– 펠릭스 지오제티 GRIDX 건설사 대표

Thanks to the author, we made meaningful business connections with various innovative South Korean technology partners. They will be involved with Luxembourg's first and biggest entertainment & experience retail property, GRIDX where we will implement South Korean technologies. As the author described Luxembourg, it is a hidden gem as a small but rich country.

– Felix Giorgetti, Managing Director of GRIDX (Property Developer)

■ 2007년 룩셈부르크에 있는 유럽투자은행(EIB)에 근무할 때 처음 만난 활기차고 호기심 넘치던 박승은 씨는 당시 룩셈부르크 한국 첫 여성 기업 대표였습니다. 그 후 몇 년간 경력 단절이 있었지만, 그녀는 한국과 유럽의 비즈니스를 돕는 기업, LUXKO를 창업했습니다. 그 후 많은 어려움을 극복하고, 이제는 룩셈부르크 관련 유일무이한 경영전문가로 변신했습니다. 이 책은 한국 독자들에게 많은 용기와 영감을 줄 것을 확신하며, 또한 유럽에 진출하길 원하는 기업이나 사업가들, 특히 자기 역량을 계발하고 싶어하는, 혹은 진로 선택의 갈림길에서 고민하는 여성들에게 큰 도움이 될 것입니다.

― **재클린 리** 유럽투자은행에서 17년 근무

Seung-eun Park, an energetic woman with full curiosity whom I first met in 2007 while working at the European Investment Bank (EIB) in Luxembourg, was the first female CEO of a Korean IT company in Luxembourg. After taking a career break for a few years, she founded LUXKO, a company that helps businesses in Korea and Europe. Since then, she has overcome many difficulties and has become a unique business expert about Luxembourg. I am confident that this book will provide courage and inspiration for readers and will also be of great support for companies and entrepreneurs who want to expand into Europe, especially women who want to develop their capabilities or are now afraid of choosing something at a crossroads in their lives. I'm sure this book can be a great guide.

― **Jacqueline Li,** 17 years working at the European Investment Bank

차례
—

추천의 글 4

프롤로그 12

01_ 미지의 나라, 낯선 룩셈부르크로의 초대 22

02_ 한국 재벌가 사모님이 이모라고? 26

03_ 외대 독일어과 98학번 괴짜의 독일 교환학생 서바이벌 36

04_ 대한민국 탈출 계획 그리고 스웨덴 입양인 에릭과의 만남 49

05_ 룩셈부르크, 세계 최고 부자나라에 입성하다 74

06_ 스웨덴 숲속 시골집에서 얻은 인생 교훈 83

07_ 유럽에서 반도체(Semiconductor)를 파는 한국 여자 Semi PARK 89

08_ 리먼 브라더스 사태로 실업자가 넘쳐나던 룩셈부르크 95

09_ 꽃길이 없으면 흙길을 꽃길로 만들어야지! 112

10_ 두려움과 설렘으로 시작한 룩스코(LUXKO) 118

11_ 배신과 이별이 가져다준 고통과 성장의 기회들 126

12_ 유럽인이 생각하는 아시아 여성? 136

13_ 룩셈부르크 한글학교가 설립되기까지 142

14_ 유럽에서 20년을 살아보니 154

15_ '예전의 나'라면 상상할 수 없는 일들 165

16_ 나에게 큰 영감을 준 사람들 173

　　1) MCM 사업개발 담당 차세대 리더 다니엘 신 173
　　2) 유럽과 한국을 잇는 글로벌 금융전문가 **영주 닐슨 교수** 179
　　3) 프랑스 패밀리 오피스 대표 **기욤 사르코지** 183
　　4) 유럽투자은행을 55세에 조기 은퇴한 **재클린 리** 189
　　5) 룩셈부르크 송경아 한인 작가 196

17_ 우주와 사랑에 빠진 (주)컨텍 이성희 대표 203

18_ 나의 영원한 동반자, 에릭 209

19_ 룩셈부르크 최초 문을 연 룩스코 코리아비즈니스센터 215

20_ 남편 에릭의 의붓삼촌 유품을 정리하며 240

에필로그 246

2023년 7월 섭씨 35도 서울.

룩셈부르크를 떠나 가족 휴가 차 들른 서울, 갑작스러운 부고를 듣고 일원동 삼성의료원에 다녀왔다. 장례식장 입구에서 고인들의 사진을 보며 '나도 언젠가는 이런 디지털 영정사진으로 이 세상과 마지막 작별을 하겠지. 그때 나는 어떤 모습으로 기억될까? 어떤 사람들이 내 장례식에 올까?' 하는 생각이 들었다.

그리고 장례식장을 나오면서 '정말 열심히 살아왔고, 아주 독특했고, 아무도 걷고 싶지 않았던 그 특별한 길에 대한 내 이야기가 누군가에게 작은 위로와 희망이 되지 않을까?' 하는 생각을 하며 대학교 선배인 기자에게 조심스럽게 전화를 걸었다.

"선배님, 저… 제가 룩셈부르크와 유럽에서 일하며 겪은 20여 년의 경험을 책으로 내고 싶어요. 어떻게 하면 되죠?"

몇 초간 수화기 너머로 침묵이 흐르고, 황당해하는 듯한 선배의 표정이 상상되었다. 하지만 내 얘기를 더 듣고는, 후배와 잘 맞을 것 같은 출판사 대표가 있다면서 연락처를 알려 주었다. 그리고 출판사 대표님과의 첫 만남은 아름다운 남산 풍경이 한눈에 들어오는 창덕궁 건너편에 있는 '텅'이라는 카페에서였다.

오전 10시. 카페에는 손님도 없고 가구들도 거의 없는, 아주 미니멀한 의자 몇 개와 LP음악. 그 대신 예술 같은 풍경이 담긴 큰 창이 있었다. 카페 입구 '텅' 앞에 작은 글씨로 '비워 두는'이라는 문구가 쓰여 있었다. 무릎을 탁 치며 '아, 공간을 텅 비워 두면 이렇게 주위의 아름다운 경관이 꽉 채워 주네. 이것이 이 카페의 매력이구나' 하고 생각했다. 카페 이름이 왜 '텅'인가 했는데, 들어와 보니 '비워 두는' 의미를 알 수 있었다.

나는 이 무렵 20여 년간 유럽에서 생활하며 겪었던 두려움, 끝없는 도전 끝의 성취감, 그리고 우연히 사업을 시작하면서 이해관계로 떠나간 사람들 때문에 힘들었던 기억을 글로 비워 내고 싶은 열망이 가득했었다. 그것들을 텅 비워 내고 나면 이런 '텅' 카페의 멋진 풍경들이 눈에 들어오듯, 40대 중반인 내가 앞으로 뭘 하며 살아가고 싶은지에 대한 풍경이 보이지 않을까 하는 소망, 그리고 바빠서 잘 보이지 않았던, 하지만 항상 그 자리에서 계속 찬란하게 아름다웠던 풍경들, 또 늘 나를 감싸준 주위 사람들에 대한 고마움을 다시금 느낄 수 있지 않을까 하는 생각이 들었다.

그 카페는 정말 모든 것이 비어 있는 '여백의 미'를 가지고 있었고, 비어 있으니 창밖 풍경만이 그 카페를 꽉 채웠다. 비워 내는 '텅'이 가진 힘, 그렇게 글을 쓰는 것은 나를 비워 내는 작업이라고 생각한다. 과거의 시련, 상처, 힘들었던 기억을 이제는 '텅' 비워 내고 싶은 마음, 그리고 그것을 비워 냄으로써 꽉 채우고 싶은 내 주위의 아름다운 풍경들(내가 미처 보지 못한 소중한 사람들과 감사한 일들), 그것이 이 책을 쓰게 된 동기다.

'텅'이라는 작은 카페에서 거의 2시간 동안 폭포수처럼 쏟아낸 내 이야기를 듣고 출판사 대표님은, "박승은 대표님, 참 독특한 이력을 갖고 있네요. 그리고 그동안 외국에서 정말 열심히 사셨군요" 하면서 원고를 준비해서 다시 만나자고 했다. 정말로 내 인생에 더없이 소중한 기회(숙제)를 준 것이다.

이 책은 장례식장에 다녀온 것을 계기로 나의 삶을 돌아보면서 대단한 업적을 이룬 사람의 이야기가 아닌, 평범하지만 치열하게 독특하게 살아온 한 여성의 이야기가 유럽 생활을 고민하고 있는 분(본인의 학업 진로, 취업, 결혼, 해외 창업 등), 혹은 자신의 미래를 선택하면서 외로운 싸움을 하고 있는 한 분 한 분에게 작은 위로와 희망이 될 수 있으면 좋겠다는 소망을 담았다.

특히, 이 글을 읽는 독자가 '여성'이라면, 여러분의 꿈을 어떤 상황에서도 절대 포기하지 말라고 당부하고 싶다. 힘들 때마다 가수 인순이의 '거위의 꿈'을 들어보라. 나는 일이 잘 안 풀려 힘들 때 큰 소리로 '거위의 꿈'을 부른다. 그러면서 위안을 받기도 한다. 그리고 고등학교 1학년 때 숙명여고 강당에서 박완서 작가님(선배님)이 '자랑스런 숙명인 행사'에서 담담하게 들려주신 말씀을 지금도 생생하게 기억하고 있다.

"여러분, 제가 지금은 유명하죠? 그래서 이렇게 숙명여고에서 저를 자랑스런 숙명인으로 초청해 주셨어요. 하지만 여러분은 제가 언제 문단에 등단했는지 아세요? 마흔 살이에요. 그때 저는 다섯 아이를 둔 전업주부였어요. 나이 마흔이 될 때까지 살림에만 전념했고, 1970년 여성동아 장편소설 공모전에 당선된 〈나목〉이라는 소설도 그때 처음 세상에 나왔어요. 다들 대단하다고 했던 건, 습작과 퇴고도 없이 단번에 장편소설 분량을 써낸 글로 당선이 되었다는 거예요. 하지만 내 얘기의 소재들은 제가 경험한 것들이었어요. 저는 6·25전쟁을 겪은 사람이에요. 가장 힘든 시기를 겪고 남다른 경험을 하면서 이걸 잊지 말고 기억해야겠다. 언젠가는 이걸 쓰리라 다짐했지요.

여러분도 살면서 좋아하는 것이 있으면 절대로 포기하지 마세요. 살다 보면 언젠가 좋은 기회가 꼭 한 번은 올 거예요. 그것을 잡으려면 지금은 아닌 것 같아도 꾸준히 열심히 하면 돼요. 그럼 그 기회가 올 때 꼭 잡을 수 있거든요. 여러분이 좋아하는 것, 희망을 잃지 않고 꾸준히 하다 보면, 처음엔 분명히 아무도 안 보던 흙길이었는데 꽃길이 되어 있어요. 시간이 걸려도 꼭 본인이 좋아하는 것을 포기하지 마세요. 저처럼 용기를 가져 보세요. 도전해 보세요. 세상 사람들이 아무리 늦다고 수군거려도요⋯."

열여섯 살 강남 8학군의 여고생이던 내가 정의한 '나의 미래'란, 부모님이 귀가 닳도록 말씀하시던 서울의 명문 대학에 입학하기 위해 대치동 학원과 개인과외를 병행하며 열심히 공부만 하면 되는 것이었다. 부모님이 원하는 서울의 명문 대학에 입학하면 중매로 멋진 남편이 나타나고, 그와 중산층 이상의 행복한 가정을 꾸리면 인생의 모든 것은 "신데렐라가 왕자님과 행복하게 오래오래 살았대요"라고 믿고 있었다.

 그래서 그런지 당시 박완서 작가님의 말씀이 잘 이해가 되지 않았다. 전업주부 나이 마흔에 글을 썼는데 유명한 작가가 되었다니, 너무나 신기하고 멋질 뿐이었다. 다만, 그분이 숙명여고 강당에서 한 말씀이 갑자기 20년 이상 세월을 건너뛰어 갑자기 튀어나와 내가 힘들 때마다 위로해 주었던 건, 해외에서 출산과 육아로 '경단녀'가 되어 룩셈부르크에서 100번 이상 입사지원서를 내고, 어린 두 딸을 재우고 나서 불합격 이메일 받는 것을 격주로 반복하면서, 나의 자존감이 태어나 처음으로 바닥을 찍고 지하동굴 깊숙이 들어갔을 때였다.

 혹시 이 글을 읽는 분께서도 자신의 꿈을 잃어버려 마음이 불안하신가요? 아니면, 꿈은 있지만 하루하루 힘든 일상이 여러분의 꿈을 방해하고 있나요? 왜 나는 이렇게 살고 있지 하면서, 오늘도 다른 사람의 인스타그램 피드들을 비교하며 자존감이 바닥인가요? 주위에서 가장 가까운 가족과 친구들이 당신의 꿈을 지지하기는

커녕 조롱하고 있나요?

그렇다면 신데렐라 동화를 좋아하던 '온실 속의 화초' 같았던 평범한 한국 여성이 유럽에서 20년간 살면서 언어장벽, 인종 차별, 아시아 여성 폄하, 경력단절을 겪으면서도 어떻게 희망과 꿈을 놓지 않고 해외 창업자, 사업가, 심지어 투자자가 되었는지 한번 들어봐 주셨으면 좋겠습니다. 스스로 만들어 놓은 희망 없는 생각의 감옥에만 머물지 않는다면 우리 삶의 변화는 스스로 만들어 나갈 수 있고, 반드시 그렇게 된다고 믿습니다.

이 책을 집필할 수 있도록 기회와 용기를 주신 이지출판 서용순 대표님께 감사의 말씀을 드립니다. 그리고 두 살 때 한국에서 스웨덴 시골 마을에 입양되어, 독일 유학 시절에 허영으로 가득 차 있던 강남 여자를 만나 룩셈부르크라는 미지의 나라에서 가정을 꾸리며 태어난 나라, 한국을 재발견한 나의 남편 에릭이 없었다면, 저는 지금처럼 사업가가 될 수 없었을 겁니다. 내 인생의 영원한 동반자 에릭에게 고마운 마음을 전합니다.

그리고 룩셈부르크에서 태어나고 자라면서 아빠와는 스웨덴어로, 엄마와는 한국어를 쓰는 두 딸, 리나와 한나는 엄마가 한국어로 책을 내면 '언젠가' 꼭 읽어 보겠다고 약속했습니다. 아직 어린 두 딸이 나중에 엄마의 바람대로 자립된 여성으로서 스스로의 꿈을 가꾸고, 남보다 자신을 먼저 사랑하는 여성이 되었으면 하는 마음으로 이 책을 바칩니다.

끝으로 괴짜 같은 독특한 딸이 매번 남들이 하지 않는 불안해 보이는 선택을 해도 결국 항복하셨던 나의 어머니 노 여사와 그녀의 평생 단짝이자 페미니스트를 아직도 싫어하시는, 하지만 그래도 딸의 결정을 이해해 보려고 노력하시는 보수적인 아버지에게 감사의 말씀을 드립니다.

나는 오늘도
유럽으로 출근한다

01

미지의 나라, 낯선 룩셈부르크로의 초대

2006년 6월 1일 룩셈부르크 중앙역(Gare) 오후 2:30

구름이 잔뜩 낀 날씨였지만, 독일에서 출발한 기차는 그 맛있는 화이트 와인의 생산지인 모젤(Mosel) 강을 파노라믹 뷰로 보여 주면서 룩셈부르크 중앙역에 도착했다.

'룩·셈·부·르·크 Luxembourg'. 태어나서 처음 가 보는, 인터넷을 뒤져도 정보가 많이 나오지 않는 미지의 나라 룩셈부르크는 세계 GDP 1위를 놓치지 않는, 인구 70만 명도 안 되는 도시국가다. 제주도 면적의 1.4배, 국제은행업이 발달하고 세금 혜택이 유럽에서 가장 좋은 나라, 부유세가 없는 나라, 이런 기본적인 정보만

들고 도착한 룩셈부르크 중앙역의 풍경은 뭔가 이상했다.

전체 분위기가 독일도 프랑스도, 심지어 벨기에도 아닌, 그 세 나라의 문화와 언어, 인종들이 뒤섞여 있었다. 독일어와 불어 간판이 뒤섞인, 하지만 정갈한 독일 느낌의 고풍스러운 빌딩들은 내가 지금 어느 작은 스위스의 마을에 도착한 게 아닌가 하는 생각이 들게 했다.

중앙역에서 15분쯤 다리를 건너 쭉 걸어가니 다리 밑은 땅이 푹 꺼진 또다른 세상이 아름답게 울창한 숲을 이루고 있었다. 곧 올드 타운(구도시)이 나오고, 마침 1차 세계대전과 한국전쟁에 참전했던 룩셈부르크 군인들을 기리는 '황금 여신상(Gëlle Fra)'이 내가 이곳에 온 것을 환영해 주는 것처럼 팔을 벌려 안아 주는 듯한 착각이 들었다.

1923년에 세워진 이 황금 여신상은 전쟁 희생자를 추모하는 기념탑이다. 특히, 1951년부터 4년간 한국전쟁에 참가한 희생자들을 기리고 있어, 한국-룩셈부르크 역사 관계를 나타내는 아주 중요한 기념비이며, '자유와 저항'이라는 국가정신을 상징하기도 한다.

Place d'Armes 광장에 있는 커피숍에서 룩셈부르크 지역신문을 펼쳐보고는 더 깜짝 놀랐다. 신문 한 면에 불어와 독일어가 뒤죽

박죽 섞여 있었다. 커피 주문을 받는 여성도 내가 외국인인 건 상관 없다는 듯 불어로 "Qu'est-ce que vous voulez boire?(뭐 드실래요?)" 하고 물었다.

내가 조금 신경질적으로 영어로 말해 줄 수 있느냐고 하니, 그녀는 미간을 살짝 찌푸리며 계속 불어로 말했다. 겨우 손짓발짓으로 커피 한 잔을 시키고 나서 시내 중심가를 지나는 사람들을 지켜보았다. 한국인이 100명(2006년 당시) 정도 살고 있다는, 지도에 작은 점으로 표기되어 있는 나라. 과연 이곳에 아시아인이 한 명이라도 있기는 한 걸까? 30분 동안 지켜봐도 아시아인은 전혀 눈에 띄지 않았다.

세계에서 가장 잘사는 나라로 알려진 룩셈부르크, 하지만 어디에 붙어 있는 나라인지 유럽 지도를 펼쳐놓고 한참 찾아야 하는 도시국가. 당시 한국인은 아이들까지 다 합쳐도 100명도 안 된다는, 대사관도 영사관도 없는 아프리카 오지보다 못한 이런 '이상한 나라'에서 28세 된 나는 과연 어떤 삶을 시작하게 될까?

이런 만감이 교차하면서, 그 누구도 알려 주지 않았던 룩셈부르크에서 2006년 이후 흙밭을 꽃밭으로 가꾸는 마음으로 17년 이상을 살고 있다. 20대 말부터 40대 중반까지 유럽에서 가장 작은 나라 룩셈부르크에 왜 정착하게 되었는지, 그동안 어떤 일들을 겪으며, 젊은 여인에서 두 딸의 엄마로, 창업가, 기업인, 투자자로 변신의 변신을 거듭하게 되었는지 이야기해 보려고 한다.

　금융계에서 일해 본 분이라면 꼭 들어봤을 금융펀드의 주소지 룩셈부르크. 모두 궁금해하는 세계의 부국 룩셈부르크지만, 이제껏 그 누구도 속시원하게 알려 주지 않은 이 작은 도시국가의 숨겨진 매력과 한국인으로 어떻게 룩셈부르크 최초 여성 경영인으로 살게 되었는지, 언뜻 평범하게 들리지만 전혀 평범하지 않았던 나의 경험을 나누고자 한다. 그리고 이 책 마지막 장을 넘길 때쯤 룩셈부르크라는 유럽의 작은 나라가 더 이상 낯설지 않기를 바란다.

02

한국 재벌가 사모님이 이모라고?

평생 전업주부로 살아오신 나의 어머니 '노 여사'는 특이한 이력을 갖고 있다. 마산여고를 졸업하고 서울에 있는 여대에 합격한 어머니는 기거할 곳이 있어야 했다. 당시 분위기가 그렇듯 남자 형제의 공부가 우선순위였지만, 외할머니는 막내딸이 서울에서 대학을 마치길 바라셨다.

이때 외할머니의 여동생, 즉 나에게는 '서울 이모할머니'로 불리는 분이 당시 동부이촌동에 있는 큰 집에 살고 계셔서, 그 집 삼 남매와 어머니가 함께 지내도록 해 주셨다. 그 삼 남매 중 막내딸인 'K이모'가 어머니와 각별하게 지냈다고 했다. 이런 이유로 우리

나는 오늘도 유럽으로 출근한다

노 여사가 서울 이모할머니와 매우 가깝게 지내셔서, 나는 유치원 때 동부이촌동 이모할머니 댁에 자주 드나들던 것을 지금도 또렷하게 기억하고 있다.

그 집에는 외국에서 사 온 멋진 장식품들(코끼리 동상), 고풍스러운 조명 그리고 일본, 미국 과자 같은 구하기 어려운 간식들이 많았다. 어머니와 이모할머니가 얘기하시는 동안 지루하지 않게 나는 항상 그림 그릴 노트와 색연필을 챙겨 갔던 기억이 난다. 대궐 같이 큰 집, 아름다운 옷을 입고 단정한 헤어스타일로 어머니를 반갑게 친딸처럼 맞아 주시던 이모할머니. 가끔 왜 우리 진짜 외할머니(이모할머니의 언니)는 이렇게 서울의 궁전 같은 집이 아니라 마산 시골 옛날 집(대청마루가 있고 겨울에는 무언가를 때야 따뜻해지는)에서 사시는지 궁금하기도 하고, 속으로 가끔 원망도 했다.

나는 그렇게 유치원 때부터 '부'의 크기가 다르다는 것을 동부이촌동 이모할머니 집과 마산 외할머니 집을 오가면서 도시 집과 시골 집의 차이, 즉 사회적 계층에 대해 자연스럽게 배우기 시작한 것 같다. 당시 그 경험들이 내가 사회생활을 하면서 한국의 재벌가나 프랑스 대통령가를 만나더라도 전혀 주눅들지 않는 일종의 교육이었을지도 모르겠다는 생각을 하곤 했다. 왜냐하면 이쁘

지도 않은 한국 여자가 대단한 재벌이나 유명인을 만나도 스스로를 낮추거나 절대로 기죽는 일이 단 한 번도 없었기 때문이다.

재벌가에 시집간 K이모

초등학교 3학년이던 나는 재벌이 뭔지는 모르고, 내가 보는 텔레비전을 만드는 L이나 S그룹 집안이 부자라는 건 어슴푸레 알고 있었다. 그런데 어느 날 부모님이 K이모 집에 초대를 받으셨다. 아마 그날이 내 생애 최초로 '진짜 부자'는 어떻게 사는지 알게 된 날일 수도 있겠다.

서울의 어느 주택이었는데, 철창이 쳐져 있는 큰 대문을 지나 넓은 정원을 보니 더 긴장되었다. 그리고 드라마에서나 보던 일하는 아주머니가 먼저 나오고, K이모가 "승은이가 오늘 여기서 제일 나이 많은 언니네" 하며 맞아 주셨다. 아이들을 돌봐 주는 아주머니가 반지하에 있는 놀이방으로 가자고 했다. 거기에는 한 번도 본 적이 없는 고급스러운 인형들과 장난감이 있고, 한쪽에는 어른들이 와인을 마실 수 있는 공간(bar)도 있었다.

나보다 몇 살 어린 여자아이 둘과 남자아이 한 명이 있었지만,

그 아이들과 재밌게 놀았던 기억은 아쉽게도 전혀 나지 않는다. 아마도 대궐 같은 집의 위엄에 기가 죽기도 하고, 못 보던 장난감들에 더 심취해 있었기 때문이리라.

그날 이후 30년이 지나 룩셈부르크에 땅을 사서 태어나 처음으로 나의 집을 지을 때, 당시 K이모의 집을 정말 많이 생각했다. 왜냐하면 외할머니의 낡은 시골집 말고 그렇게 멋진 완벽한 주택은 처음 봤으니까. 그리고 '나도 언젠가는 손님들이 많이 와도 다같이 앉아서 밥을 먹을 수 있는 아주 큰 식탁이 놓인 거실을 만들어야지, 한국에서 부모님이나 친구들이 오면 편하게 묵을 수 있는 게스트 층도 따로 만들어야지' 하면서 어렸을 때 강렬하게 뇌리에 박힌 K이모의 집을 상상하곤 했다. (나는 실제로 30년이 지나서 진짜 그 꿈을 이루었다.)

사실 나중에 부모님에게 들었지만, K이모 집은 다른 재벌가들과 비교했을 때 그렇게 크고 화려하지 않았다면서 재벌이지만 티를 내지 않는 그분들의 검소함을 늘 칭찬하셨다.

최근 기사에서 그때 함께 놀던 꼬맹이 셋이 L그룹을 승계한 것을 보고 조금 놀라긴 했다.

K이모의 어머니, 그러니까 동부이촌동 서울 이모할머니는 오래 아프시다가 돌아가셨는데, 이모할머니가 안 계시니 어머니와 K이모가 만나는 횟수도 줄어들었다. 마지막 만남은, 내가 스웨덴 입양인 에릭과 '한국의집'에서 결혼할 때 큰 액수의 축의금을 놓고 가셔서 부모님이 고마워하면서도 부담스러워했던 기억이 있다.

어머니는 그렇게 주위 친인척의 삶을 가까이 보면서, 자신의 딸도 좋은 대학(K이모는 이화여대를 나왔다)을 나와서 좋은 신랑감을 만나 결혼하는 것이 최고라고 생각했다. 또한 전업주부로서의 사명은 자녀 교육에 올인하는 것이 최종 목표였던 것 같다. 단 한 번도 나에게 "여자도 일을 해야 해"는커녕 "승은아, 여자는 좋은 신랑감 만나면 일을 하지 않고 자식 교육 잘 시키면서 손에 물 한 방울 안 묻히고 사는 게 가장 큰 복이야"라고 귀가 닳도록 가르치셨다. 당시 베이비붐 세대 어머니라면 모두 비슷한 생각을 하셨을 것이다.

하지만 우리 어머니는 아직까지도 모르실 테지만, 나는 이미 초등학교 때부터 당시 강남에서는 극히 드물었던 한 '워킹맘'을 동경해 왔다. 일원초등학교 친구 혜영이 어머니가 그랬다. 혜영이 어머니는 당시 영자신문사 기자였는데, 그 집에 놀러가면 일을 하는 혜영이 어머니 대신 가사도우미 아주머니가 항상 맛있는 음식을 준비해 주었다. 특히, 혜영이 어머니가 출장 가서 사 온 외제 과자는 아직도 초등학교 동창회에서 소재가 될 정도다.

혜영이 어머니는 학교에 오실 때 늘 멋진 정장을 입고 비단 같은 헤어스타일로 나타나셨다. 우리 어머니한테서는 단 한 번도 본 적 없는 화려하고 멋진 비즈니스 정장을 입고 계시는 것을 나는 문 뒤에 서서 바라보며 동경했다.

나중에 다 자라서 안 일이지만, 혜영이는 반대로 비가 오면 우산을 들고 오시던 어머니, 공부하라고 매번 잔소리하는 집에 있는 어머니를 둔 나를 질투할 만큼 부러워했다고 한다. 우리의 인생은 항상 그렇지 않은가. 내가 갖고 있지 않는 남의 것이 부럽고, 내가 지금 갖고 있는 것의 소중함을 잘 모른다는 것. 어리석지만 말이다.

2023년 폭염으로 온열환자가 속출하던 어느 날, TV조선 9시 저녁 뉴스에 그 혜영이가 보도기자로 나왔다. 서울 친정집에 모여 있던 가족들이 일제히 소리를 질렀다.

"딸들아, 잘 봐! 지금 저 생방송하는 분이 혜영 이모야. 기억 나지?

엄마 친구, 혜영 이모. 엄마는 말이야, 너희들도 나중에 크면 저렇게 자기 일이 있는 멋진 여성이 되었으면 좋겠어. 백마 탄 왕자님이 나타나길 기다리는 신데렐라 말고."

소파에 앉아 계시던 친정아버지도 벌떡 일어나셨다.

"갸가 가가? 그 홍혜영? 요즘 9시 뉴스에 매일 나오던데, 갸가 가간지 몰랐네, 와~ 멋지네."

두 딸은 엄마의 말뜻을 아는지 모르는지 고개를 끄덕였다. 그런데 부엌에서 수박을 자르시던 어머니는 한숨을 푹 쉬면서 한 말씀하셨다.

"승은아, 너는 이제 일 좀 그만하면 안 되나? 도대체 뭐가 아쉬워서 일하니? 여자는 자고로 아이들 교육과 살림이 먼저인데…."

어머니는 여전히 변함이 없으셨다. 20년 전 스웨덴 입양인 출신의 미래가 불투명한 무직의 가난한 (학자금 부채까지 있던) 대학원생이었던 남편이 이제는 은행원이 되었는데도, 내가 왜 군이 해외에서 아이 둘을 키우며 사업까지 한다고 몸을 혹사시키는지, '한국-룩셈부르크' 직항도 없는 유럽에서 20시간 가까이 비행기를 타고 두 달이 멀다 하고 출장을 오는지, 여전히 이해하지 못하신다.

특히, 여자가 살림도 놔두고 아이들은 아빠에게 맡기고 왜 출장을 오는지에 대해서 가장 불만이시다. 어머니와 40대 중년이 된 나의 말다툼 주제는 항상 '내가 일하는 엄마'라는 것이다. 최근에 어머니 말고도 한국에 있는 친구들에게서도 비슷한 이야기를 많이 들었다.

"얘, 너희 남편 정직이 보장된 국제기구 공무원 아니니? 그냥 집에서 아이들 교육에 집중하고, 시간 나면 룩셈부르크에서 골프나 더 배워. 거기 동네 아줌마들이랑 애들 학교 보내고 유럽에서 맛있는 식당 찾아서 다니고. 그냥 박 여사로 인생 편하게 즐기면서 살아!"

이 책을 읽는 여러분에게 나는 정말로 묻고 싶다. 여성이 결혼을 했다고 내가 하고 싶은 일이나 꿈을 접어야 할까? 자녀가 생기면 내가 하고 싶은 일을 포기해야 할까? 집안 살림하는 것보다 꿈을 이루고 싶은 열정이 더 큰 사람이 있다면, 출산과 양육에만 집중하면 우울증과 화병에 걸릴지 모른다.

그것보다도 이런 생각이 들었다. 좋은 배우자와의 결혼과 자녀 출산, 양육이 우리 여성이 해야 하는 인생의 "To do list"의 끝이라면, 왜왜왜 우리는, 당신은 그리고 당신의 자녀까지 그렇게 잠도 제대로 못 자고 매일 커피를 마셔 가면서 코피 터지게 공부했을까? 결혼과 자녀 양육이 우리 여성들의 마지막 인생 목표라면, 굳이 그렇게 공부를 열심히 했을까? 일을 하고 싶은데, 현재 환경이 여의치 않아서 못한다고 할 수도 있겠다.

과연 그럴까? 유럽 땅에서 내가 사업을 하게 된 이유는 내게 주어진 시간을 컨트롤할 수 있기 때문이다. 유럽에서는 코로나 이후 여성이 일하기 좋은 유연 근무제, 혹은 파트타임이 가능한 환경으로 변하고 있다. 여러분이 자신의 열정을 지하 창고 속 깊은 곳에 빗장을 걸고 꼭꼭 숨겨 놓지 않는다면, 지금은 혼자서도 당장 1인 기업을 창업할 수 있는 시대로 바뀌었다. 여러분이 어렸을 때 가지고 놀던 바비인형이, 더 이상 그 옛날의 바비가 아닌 새롭게 정의된 세상이 왔다.

2023년 현재 대한민국 출산율이 0.72으로 떨어졌다고 외신들이 텅 빈 산부인과 사진을 보여 주었다. 여성의 출산율이 감소하고 비혼을 고집하는 것은, 아직 우리 사회가 영화 '바비'(워너브라더스사의 최고 흥행작, 2023)에서 그녀가 혼자 읊조리는 대사를 반영하고 있는 게 아닌가 싶다. 예를 들어, 여자는 말라야 하는데 너무 심하게 마르면 안 되고(외모에 대한 이중잣대), 엄마가 아이를 좋아하지만 그렇다고 아이 얘기만 해서도 안 되고(육아에 대한 이중잣대), 여성이 돈도 있어야 하는데 그렇다고 돈을 밝히면 안 된다는(경제력에 대한 이중잣대) 것. 이제 여성들이 짊어져야 하는 이 짐을 함께 풀어나가야 하지 않을까 하는 생각이 든다.

나는 20년 전 일하고 싶은 여성에게 너무나 불합리해 보이는 대한민국을 뛰쳐나와 유럽으로 왔다. 하지만 세계 최고 부자 나라 룩셈부르크에 산다고 모두 행복하기만 할까?

이 책을 끝까지 읽어 보면 답이 나올 것이다.

03

외대 독일어과 98학번 괴짜의
독일 교환학생 서바이벌

수능시대에 대학에 입학한 나는 처음부터 '외국어 통역사'의 꿈을 안고 있던 (당시 외대 통번역대학원 최정화 교수님이 쓴 책을 읽고 더 결심했던 것 같다.) 100% 문과생이었다. 숙명여중, 숙명여고 6년간 가장 많이 들락거린 곳은 담쟁이덩굴이 뒤덮인 작은 도서관이었다. 강남 8학군 학원 뺑뺑이는 그때도 존재했고, 매일 숨이 턱턱 막히는 삶을 살고 있었다. 학원, 과외 그리고 독서실….

'모범생'으로 살면서 학교 담장은 숨막히는 철창과 같았다. 도서관에 있는 책들을 읽으면서 상상의 나래를 펼 때, 그나마 그 상상의 세계가 현실 세계에서의 따뜻한 도피처였다. 지금도 그렇지만,

당시 내가 가장 좋아하던 책은 유럽에서 공부한 (생활한) 여성들이 쓴 에세이였다. 독일 뮌헨에서 유학한 전혜린(1934~1965)의 수필집 《그리고 아무 말도 하지 않았다》, 독일에서 활동하는 닥종이 인형 작가 김영희의 《아이를 잘 만드는 여자》, 여성 기업인으로 노블레스 오블리주를 실천하는 독일 MCM사를 인수한 김성주 회장의 자서전 등이다.

하지만 내 주위의 어느 누구도 입시지옥을 벗어나면 그 이후에 대한민국 여성으로서 어떤 삶을 살아가야 하는가에 대해서 말해주지 않았다. '대학만 들어가면 모든 것이 과연 천국일까?'

당시 유행하던 농담 중 어떤 학생이 도서관 쪽지에 "I want to go to the SKY!!"라고 하여, 이 쪽지를 읽은 외국인이 이 학생이 자살 시도를 하려는가 싶어 무척 당황했다고 한다. SKY라는 입시학원 이름까지 생길 정도로 다들 가고 싶어하는 대학 입시병. 어디론가 달아나고 싶은 입시 스트레스 때문에, 머나먼 외국에 대한 막연한 환상과 외국어를 잘하는 여성들이 무조건 멋져 보이던 '외국병'이 생기게 된 것은 대학 입시를 준비하면서였다.

아버지는 내가 커갈수록 매일매일 "승은아, 남자는 모두 늑대다.""남자는 모두 나쁜놈이다.""남자를 조심해라." 이 말을 주입

식으로 가르쳤고, 어머니는 "승은아, 여자는 좋은 대학을 나와서 좋은 남편을 만나야 좋은 가정을 꾸린다"는 말로, 좋은 대학에 가는 것이 얼마나 중요한지에 대해서만 강조했으니…, 거의 세뇌 수준이었다.

이제 돌아보니 어머니는 한때 이불을 같이 덮고 자던 이화여대 출신 사촌동생이 대한민국 최고 재벌가에 시집가는 것을 지켜보면서, 아마도 자신의 딸이 평범한 샐러리맨의 아내로 사는 것은 절대로 바라지 않으셨던 것 같다. 좋은 집안에 시집가서 그 이모처럼 손에 물 한 방울 안 묻히고, 남편과 함께 골프를 치고, 아이들 유학 뒷바라지와 살림에만 집중하는 안락한 생활을 하는 '박 여사'로 살기를 바랐을 것이다.

결국, 내가 당시 생각했던 '대한민국 탈출 계획'은 어떻게든 외국으로 나가는 것이고, 그러려면 영어 이외의 외국어를 배우는 것, 통역사가 되는 것이 최선이라 생각했다. 그래서 고등학교 때 제2외국어였던 독일어를 살려 '외대 독일어과 98학번'으로 입학해 버렸다. 여자는 무조건 교대에 가서 교사가 되거나 여대에 진학해야만 나중에 시집을 잘 가고, 한국에서 교사로 편하게 일할 수 있다는 부모님의 생각과 강요를 싸워서 이긴 결과였다.

외대 98학번 신입생 오리엔테이션 날, 옆자리 친구가 한 말이 아직도 어젯일처럼 생각난다.

"나는 지영이야. 외국에서 오래 살다 와서 특례 입학생이야."

"와, 부럽다. 외국 어디에서 살았는데?"

"응… 말해도 넌 잘 모를 텐데… '룩셈부르크'라고…."

"그래? 독일의 어느 중소 도시야? 부르크로 끝나는 걸 보니?"

"아니야, 룩셈부르크라는 나라가 있다니까! 우리 아빠가 은행장이어서 룩셈부르크에 한국 은행 유럽 본사 지점을 만드셨어. 아주 작은 나라라서 너는 잘 모를 거야."

그때 그 지영이는 외대 독일어과를 졸업하고 글로벌 금융 대기업인 VISA Korea에 들어가 지금도 여성 임원으로 일하고 있다. 지영이와 만날 때마다 당시 신입생 오리엔테이션 때를 떠올리며 "지영아, 내가 룩셈부르크에 이렇게 오래 살게 될 줄, 교민이 될 줄, 거기서 아이들을 낳아 키우고, 땅을 사서 집을 짓고, 내 회사까지 만들 줄 몰랐다"면서, 서로 룩셈부르크와의 인연에 대해 이야기한다.

이렇게 임원이 되기까지 힘든 일을 꾸준히 하고 있는 동지가 옆에 있는 것이, 일하는 여성에게는 얼마나 큰 힘과 위로가 되는지 모른다. 먹고 먹히는 정글과 같은 이 세계에서 아직도 살아 있다는 것에 '전우애'를 느끼기도 한다.

자유가 준 '방임'이란 재앙, 학사경고… 그리고 독일 교환학생

대학교 1학년 때 가장 괴롭고 힘든 건 우습게도 '남녀 공학'이라는 것이었다. 숙명여중, 여고 6년간 남학생과의 교류가 없던 나에겐 그랬다. 당시는 '삐삐'가 있었는데, 같은 반 남학생에게 삐삐를 보내거나 전화할 때 등에서 식은땀이 나던 열아홉 살의 나를 회상하면 웃음이 절로 난다. 아버지의 엄한 가정교육은 나를 남자들 앞에서 말 한마디 못하는, 눈도 쳐다보지 못하는 이상한 벙어리로 만들어 버렸고, 어머니가 준비한 학원 스케줄이 없던 나는 자유라는 '방임'의 미끼를 덥석 물어 버렸다.

98학번 신입생의 삶이 그랬듯 하루가 멀다하고 신입생 환영회가 열리고 '술'이 뭔지도 모르고 선배들이 주는 대로 마셨다. 그리고 결국 어느 날 아버지 등에 업혀서 왔고, 그날부터 무조건 12시 전에 귀가해야 하는 신데렐라 신세가 되었다. 어기는 날은 아버지의 등짝 스매싱을 마구 당하는 벌을 받아야 했다. 그러나 내가 모든 시간을 마음대로 조종하면서 수강 신청을 해 놓고 다른 데 한눈을 팔며 1학년 1학기는 정말 완벽한 자유인으로 살았다.

하지만 한 학기가 끝나고 자유를 즐긴 결과는 참혹했다. 집으로 '학사 경고장'이 날아왔다. 부모님 말씀을 잘 듣던 모범생의 일탈에 충격을 받은 어머니는 바로 독일 교환학생으로 갈 것을 권했다. 그러기 위해서는 먼저 남산 독일문화원의 수업을 열심히 들어야 했다. 당시 강남에서 남산 쪽으로 가는 78-1번 버스가 한남대교를 지날 때마다 한강이 너무나 아름다워, 이 버스 타는 재미에 어머니 말씀을 따르기로 했다.

남산 독일문화원에 모인 학생들은 참 다양했다. 딸의 음대 유학 준비를 돕는 40대 아주머니, 어머니가 독일과 사업을 해 독일에 자주 놀러 가는 외국인학교에 재학중인 부잣집 언니, 서울대 의대에 다니면서 해외 오지 의료봉사의 꿈을 가지고 독일어 문학서적을 읽고 싶어서 공부한다는 괴짜 모범생 오빠까지, 나는 이들과 공부하는 독일문화원의 매력에 푹 빠졌다.

어느 날 그 서울대 의대생 오빠가 혜화동에서 차 한잔 하자고 제안했다. 그때 그 오빠가 지금은 기억도 안 나는 아주 지루한 독일어 원서를 읽어 보라면서 한마디했다.

"승은아, 너는 좀 특이한 것 같아. 다른 여학생들은 내가 서울대 의대생이라면 처음부터 호감을 갖는데, 너는 별로 그런 게 없는 것 같더라."

나는 '피식' 웃고 말았다. 아버지의 '남자는 모두 나쁜 놈'이라는 프레임이 너무 커서 그런 말을 하는 오빠가 불순해 보였기 때문이고, 나랑 뭐 하자는 건가 하는 생각이 먼저 들었으니…. 아무리 센스가 없어도 그렇지, 그날은 그가 내게 데이트를 신청한 거였는데, 그 어색한 분위기를 벗어나기 위해 차만 마시고 그가 빌려준 독일어 원서를 집어들고 후다닥 도망치듯 뛰쳐나왔다.

그런데 몇 년이 지나서 텔레비전 다큐멘터리 프로그램을 보다가 '악' 소리를 지르고 말았다. 아프리카에서 의료 봉사하는 청년들 이야기였는데, 거기에 그 서울대 의대생 오빠가 인터뷰를 하고 있는 게 아닌가.

"아, 독일 문학서적을 원본으로 읽고 싶다던 그 오빠는 그냥 멋으로 독일어를 공부한 것이 아니고 진심이었구나. 참 마음이 따뜻한 사람이었네."

아버지의 '남자는 모두 늑대'라는 귀에 박힌 구호 때문에 어쩌면 어머니가 항상 바랐던 '좋은 사윗감'이 될 수도 있었던 인연을 놓쳤나 하는 생각에 나도 모르게 깔깔깔 웃음이 났다. 훤칠한 키에 독일어를 할 줄 아는 의사 오빠는 지금도 지구촌 오지에서 독일어 원서를 읽으며 봉사활동을 하고 있을 것만 같다.

1999년 스물한 살에 처음 가 본 낯선 유럽, 독일 생활 서바이벌

남산 독일문화원을 한 학기 다니자 어느 정도 대학교 수업도 따라갈 수 있었고, 교환학생을 갈 수 있겠다는 겁도 없는 배짱이 생겼다. 그리고 1999년 여름, 스물한 살인 나는 홀로 처음 유럽 대륙으로 가는 비행기 안에 있었다. 그런데 그 배짱은 온데간데없고, 서울에서 독일 프랑크푸르트로 가는 루프트한자 기내에서 나는 거의 10시간 동안 울고 또 울었다.

낯선 나라로 떠나면서 느꼈던 그 두려움은 20년이 훨씬 지난 지금도 잊혀지지 않는다. 이 비행기가 나를 어디로 데려다줄까? 그리고 처음 먹어 보는 독일 요구르트와 치즈, 이건 뭐지?

결국 옆에 앉은 파란눈의 독일 아저씨가 말을 걸었다

"Hi, Are you OK? Is everything OK with you?"

"(엉엉 울면서) Yes, I am OK."

프랑크푸르트에서 기차를 갈아타고 바이에른 주 북쪽에 있는 뷔르츠부르크(Würzburg)에 도착했다. 그런데 여기저기서 Grüβ Gott(그뤼쓰 곳)이란다. 뭐? 내가 배운 '안녕'은 Guten Tag(구텐 탁)인데, 이 독일말은 또 뭐지? 나중에 알고 보니 바이에른의 사투리는 내가 대학교나 독일문화원에서 배운 발음과 너무 달라서 독일어 표준말(Hoch Deutsch)로는 이해가 안 되는 게 무척 많았다.(예를 들면 서울 표준어와 제주도 방언과의 온도 차이다.)

도착해서 짐을 푼 숙소에서도 며칠간 운 기억밖에 없다. 정신을 차리고 나니 일요일 오전. 그런데 뭔가 이상했다. 집집마다 창문에 커튼이 내려져 있고, 거리엔 사람이 단 한 명도 없었다. 무슨 일이지? 공중전화 부스에서 엄마에게 국제전화를 걸어 물어봤다.

"엄마, 지금 뉴스 좀 틀어봐. 혹시 독일 총리가 죽었나? 오늘 일요일인데 여기 길거리에 아무도 없고 너무 조용해. 추모하는 건가?"

그 이유도 나중에 알게 되었다. 이곳 바이에른은 기독교가 강해 일요일은 모든 상점 문을 닫고 오전에 교회에 가기 때문에 거리에 아무도 없었던 것이다. 일요일에 상점 문을 닫는 문화는 전통적인 유럽의 노동법으로 노동자의 인권을 존중하는 것이지만, 아직까지도 한국 관광객이 유럽에 왔을 때 가장 많이 불편해하는 문화 차이다. 하지만 이것은 단지 문화 차이를 이해하는 데 귀여운 서막에 불과했다.

독일 뷔르츠부르크대학교를 통해 어렵게 독일인 가정집 2층에 하숙집을 구했다. 주인집을 통과해서 올라가면 방과 부엌, 공용 화장실이 있었다. 그런데 그 집에 들어간 지 한 달도 안 되어 크게 사고를 쳤다. 일요일 늦은 아침에 독일 소시지를 빨리 끓여서 먹어야지 하고 불을 세게 켜 놓고 우편물을 확인하기 위해 문을 닫고 나왔다. 그리고 다시 들어가려는데 문이 열리지 않았다. 완전히 잠겨 버렸다! 그것도 안에서. 독일의 문들은 한번 닫으면 자동으로 잠긴다는 (열쇠가 없으면 다시 들어갈 수 없는) 것을 전혀 몰랐기 때문에 생긴 사고였다. 독일의 주택 설계 문화를 받아들인 룩셈부르크, 오스트리아, 스위스도 마찬가지이니 각별히 주의해야 한다.

주인집을 향해 큰 소리로 불러보았으나 일요일 오전 교회에 갔는지 아무도 없었다. 다시 밖으로 나와 지나다니는 사람을 찾아보았으나 단 한 명도 없었다. 도대체 얼마나 지났을까, 강아지를 산책시키는 아저씨를 붙잡고 울면서 "불이요! 불!(Feuer! Feuer!)"를 외쳤다. 다행히 아저씨가 소방차를 불러 주었지만, 독일의 단단한 문은 열리지 않았다. 결국 거의 불이 나기 직전에 소방관 여섯 명이 문을 부숴 버렸다. 방안엔 연기가 가득했다.

"오 마이 갓!" 부서진 문을 보면서 불이 나기 전에 진입해서 다행이라는 생각과 함께, '나의 20대 인생은 이제 여기서 끝이구나. 독일에 온 지 한 달 만에 경찰서에 가게 되겠지? 방화로도 감옥에 가나? 나는 여기서 끝인가?' 하는 두려움이 엄습했다.

교회에서 돌아온 독일 부부는 실성한 사람처럼 나에게 (바이에른) 독일말로 뭐라고 하는데, 울고불고 있는 스물한 살의 나는 도통 무슨 말인지 알 수가 없어서 눈앞이 하얬다. 결국 그들이 원했던 건 Verhaftungs Versicherung(물건손해배상책임보험 : 어떤 이유로든 남의 물건에 손해를 끼쳤을 때 보험사에서 배상해 주는 보험)이었는데, 사실 나는 그런 보험이 있는지 그날 처음 알았다. 결국 나는 그 집에서 6개월간 베이비시터로 빚을 갚아 나가는 조건으로 문을 고치는 비용을 갚아 나가야 했다.

그렇게 6개월 동안 독일 젊은 부부의 베이비시터로 부엌일도

도우면서 생활 독일어를 연습했다. 그 결과 신기하게도 귀가 서서히 열리기 시작했다. 이상한 독일어로 상대방을 당황하게 하는 일이 종종 있었지만.

크리스마스를 앞둔 어느 날 기숙사에서 독일 학생과 외국인 학생들의 피자 파티가 있었다. 기숙사 안은 피자 오븐의 열기로 너무 더웠다. 그때 나는 아주 자신 있게 '너무 덥다'는 의미로 "Ich bin heiss!!!"(I am hot, 성적인 의미)라고 큰 소리로 외쳤다. 그러면 누군가 창문을 열어 환기를 시켜 줄 거라 생각했다. 그러자 시끌벅적했던 수다가 끊기면서 정적이 흘렀다. 독일 학생 몇몇은 까르르, 또 몇몇은 눈을 휘둥그레 뜨고 나를 쳐다봤다.

그때 옆에 있던 프랑스 친구 세실이 말했다.

"승은, Ich bin heiss가 아니라 Mir ist heiss야! Ich(주어)로 하면 너가 성적으로 달아올랐다는 말이라고! 3격인 Mir로 써야 해! 1격과 3격 문법을 구분해서 제대로 쓰라고!"

나는 쥐구멍으로라도 숨고 싶어 달아나듯 집으로 와 버렸다. 그리고 그날 외국어의 '아'와 '어'의 차이, 특히, 외국어에서 문법이 왜 중요한지를 몸소 체험했다.

뷔르츠부르크대학교에서 에라스무스(Erasmus) 제도*로 온 유럽 교환학생들은 만났는데, 그들과의 교류는 내 인생에서 각 유럽 문화를 체험하는 가장 큰 변곡점이 되었다. 내가 살아온 담장 안에서 '대한민국의 여자는 이 나이에는 이렇게, 그다음에는 저렇게, 짜여진 틀 안에서 남과 똑같이, 아니면 가장 비슷하게 살아가야 해' 하는 공식과 틀이 그들에게는 전혀 없었다. 그냥 본인이 하고 싶은 공부를 하고, 직업도 내가 하고 싶은 것, 연애와 결혼은 온전히 자기의 선택이라는 것이 저변에 깔려 있었다. 아마 20대 초반에 알게 된 개인의 다양성을 존중하는 문화, '집단주의'에 살다가 '개인주의'를 알게 된 그 신세계가 나를 지금까지 여기로 끌고 온 원동력이 아니었을까.

---

* 에라스무스(Erasmus) 제도는 유럽연합에 속한 나라들 사이의 교환학생 프로그램이다. (European Region Action Scheme for the Mobility of University Students)

04

대한민국 탈출 계획
그리고 스웨덴 입양인 에릭과의 만남

독일 뷔르츠부르크대학교 교환학생으로 귀국한 나의 외대 독일어과 생활은 연속 A학점으로 자신감에 넘쳤다. 그리고 독일 함부르크대학교 교환학생, 영국 엑세터대학교 교환학생제도까지 최대한 활용하여 학부 때 이미 독일과 영국통이 되었다.

그런데 IMF가 할퀴고 간 취업시장도 쉽지 않았고, 내가 무엇을 해야 하는지도 잘 몰랐다. 여느 가정처럼 우리집도 부모님이 평생모은 재산을 무리한 부동산 투자로 한번에 날리는 위기를 맞았다. 부모님은 하루가 멀다 하고 다투셨고, 아버지가 꿈에 그리던 빌딩건물주가 되는 희망은 물건너가 버렸다. 당시 강남에 좀 산다고 하는 아이들은 모두 미국 유학을 가는 수순을 밟고 있었지만, 나는 어떻게든 취직을 해서 집안의 짐을 덜어야 했다.

하지만 어머니는 내가 취직을 하는 것보다 어디서든 대충 일하다가 좋은 신랑감을 만나는 것(취집)에만 신경을 썼다. 당시 느낌은, 딸을 좋은 데 시집 보내는 것이 부모님으로서는 인생 최대의 숙제를 해결하는 것이었다. 나는 그때부터 대한민국을 탈출하기로 결심했다. 거의 전 재산을 투자한 건물 한 채를 날려 버린 집에서 당장 미국 유학 자금이 나올 리가 없고, 스스로 알아서 해결해야만 했다.

그때 정말 비장하게 나 혼자만의 계획을 세우기 시작했다. 독일어를 까먹지 않고 석사 유학을 가려면, 다른 친구들처럼 대기업에 들어가는 것이 아니라 중소기업이라도 무조건 독일어를 쓰는 회사를 가는 것이 내 취업 목표 1순위였다. 그때도 많은 친구들이 나를 '괴짜'라고 했던 게 생각난다. 다들 대기업, 공기업 순위로 면접을 보는데, 나 혼자만 독일어를 사용하는 중소기업만 알아보고 있었으니 말이다.

지금 와서 생각해 보면, 나는 내 앞에 두 갈래 길이 있다면 사람들이 많이 가지 않는 길을 선택했던 것 같다. 사회가 만들어 놓은

틀을 따라가는 것이 아니라, 내 소신대로 내가 가고 싶은 길을 갔다고나 할까.

외대 독일어과 학과장실을 통해 들어온, 독일 의료기기를 수입하는 중소기업의 채용공고가 단번에 눈에 들어왔다. '해외 마케팅 어시스턴트(실무자)'로 독일 출장도 많다니 좋은 기회였다. 나의 첫 사회생활은 자연스럽게 독일계 중소기업에서 시작되었다. 당시 대학 동기들은 학점도 좋은데 대기업에 원서조차 내밀지 않는 나를 이상하게 생각했다. (지금 생각해 보니, 정말 소신 있게 '독일어를 사용하는 직장'을 찾은 어린 나를 쓰담쓰담해 주고 싶다. 그 작은 소신이 큰 틀에서 많은 것을 변화시켰으니까.)

청담동에 있는 그 중소기업에서는 외대 출신 독일어과 실무자가 들어오니 나름 인재로 치켜세워 주었고, 나는 회사 대표 비서실에서 독일 고객과 직접 통화하며 독일어 실력을 계속 키워 나갈 수 있는 좋은 자리를 얻었다. 회사에 입사하면서 한 가지 더, 독일 MBA를 준비하기 위해 외대 경영대 야간을 주중 저녁에 다니는 계획을 세웠다. 그 핑계로 하루가 멀다 하고 있는 회식에 빠질 수 있었으니 일석삼조. 하지만 부모님과는 동상이몽이었다. 이제 직장도 가졌겠다, 모든 구색이 갖춰졌다고 판단한 부모님이 나를 본격적으로 결혼시장에 내놓은지는 까맣게 모르고 있었다.

독일 출장은 생각보다 일의 강도가 높았다. 독일 바이어의 계약서를 번역해서 계약에 참여했다. 일은 너무 좋았는데, 여성이 한국에서 직장생활을 하며 성장하기에는 제약이 있다는 생각이 들었다. 회사 상사들은 내가 언제 결혼하는지에만 관심이 있는 것 같았다. 회사 대표 비서 자리 외엔 내가 갈 곳이 없었다.

그 무렵 나는 독일로 경영학 MBA 석사 유학을 가겠다고 체류비만 일부 지원해 달라고 부모님께 부탁했다. 그러자 며칠 후 어머니는 조용히 나를 부르시더니 심각한 얼굴로 책상 위에 낯선 남자 증명사진과 이메일 주소를 올려놓으셨다.

"승은아, 이 사람은 집안도 좋고 지금 미국에서 박사 공부를 하고 있어. 네가 그렇게 외국에 나가서 살고 싶으면, 시집가서 미국에서 이 사람 내조하면서 가정을 꾸리면 어떻겠니? 이 사람 집안도 좋고, 모든 게 다 좋은 거 확인했어. 이메일로 네 소개를 하면서 좀 알아가 봐…."

아직도 그날이 잊혀지지 않는다. 정말로 내가 결혼시장에 내놓은 상품으로 생각되었다. 지인의 소개로 결혼시장에 나가는 것, 양가의 재력, 학력 등을 비교, 매칭해서 간택이 되는 것이 너무도 끔찍하게 느껴졌다. 어머니는 거의 주말마다 새로운 사람의 사진을 들고 오셨는데, 그때마다 나는 마음속으로 조용히 이 집을, 이 나라를 떠나야겠다는 생각만 확고해졌다. 마음이 온 힘을 다해서 거부하는 소리를 들었다.

시간이 급했다. 어머니가 나를 결혼시장에 내놓은 이상 언젠가 갑자기 팔려가면 어쩌나 하는 공포감이 몰려왔다. 그리고 자고 일어나면 어떻게 독일 유학 자금을 모을 것인가 고민에 빠졌다. 내가 잘하는 것 중 하나가 정보 검색이고, 이것은 지금도 비즈니스 컨설팅업을 하면서 크게 도움이 되고 있다.

어느 날 이메일을 검색하던 중 주한유럽상공회의소에서 운영하는 유럽-코리아장학재단(Europe-Korea Foundation)*이 유럽에서 석사 공부할 학생들에게 장학금을 지원한다는 기사가 눈에 띄었다. 그래서 무조건 콜드콜로 전화를 걸어 담당자와 약속을 잡았다. 신기

---

* 유럽-코리아장학재단은 2001년 5월 9일 주한유럽상공회의소에서 설립하여 2008년까지 매년 유럽에서 공부할 우수학생을 선발해 장학금을 주었는데, 요즘엔 이 장학금이 없어진 것 같다.

하게도 내가 면담한 독일 사람은 니콜이라는 여자분이었다. 그는 내게 "당신은 왜 독일에서 경영학을 공부하길 원하나요?" 하고 물었다.

"외대를 졸업하고 첫 외국계 중소기업에 취업했는데 저에게 처음으로 시킨 일이 뭔 줄 아세요? 이사회(Board member) 미팅을 위한 커피와 다과 준비였어요. 저는 제가 어렵게 공부해서 들어간 대학교를 졸업하면 의미있는 일을 할 줄 알았는데, 한국 회사에서 여성의 역할은 남성이 하는 일의 '보조자 역할'인 것 같아요. 제가 경영학을 배우면 좀 달라질 수 있지 않을까요? 저는 좀 더 큰 세계로 나가고 싶어요. 배우자를 통해 결혼과 안정이 아닌, 저도 제 일을 꼭 하고 싶은데, 한국에서는 그게 정말 힘든 것 같아요. 독일에서 경영학을 공부해 한국과 유럽의 경제를 연결하는 일을 하고 싶어요."

니콜은 진심으로 나의 동기 부여를 응원해 주었다. 그리고 몇 주 지나 삼성 테스코가 2004 유럽-코리아 파운데이션 장학 프로그램 후원사로 나를 포함한 여성 두 명에게 각각 독일과 영국으로 석사 유학을 보내 주었다. 그러나 부모님은 기뻐하기보다는 더욱더 불안해하셨다. 그 이유는 결혼 적령기의 여자가 해외에서 유학하고 돌아오면 선자리에서 값어치가 더 떨어진다는 기우였다. 당시 해외 유학을 다녀온 여자는 놀다 온 여자, 성생활이 문란한 방탕한 여자라는 어처구니없는 부모님의 흑백 논리가 있었다.

독일 함부르크대학교 경영학 석사는 내가 기대하던, 내가 보지 못한 새로운 세계로 인도해 주었다. 나는 한국인들이 싫어한다는 토론 문화에서 물 만난 고기처럼 독일식 '아무말 대잔치 토론의 자유'를 만끽했고, 경영학 석사 MBA 과정의 실용적인 공부는 정말 재미있었다. 매월 월요일 오전 한국 회사 임원 미팅을 준비하는 잡무 대신, 저녁 회식 때 아저씨들의 술주정이나 들어주는 그런 고역에서 해방된 그 기분은 나를 오롯한 자유인으로 만들어 주었다.

독일 북부 항구도시 함부르크에 있는 현대상선에서 인턴을 하며 용돈을 벌고, 마지막 학기에는 독일의 최대 화장품 기업인 바이어스도르프(Beiersdorf) NIVEA FOR MEN 브랜드에서 인턴을 했다. 인턴십 월급은 800유로였는데, 기숙사 비용을 내고도 남는 큰돈이었다.

그리고 사람 만나는 것을 좋아하는 나는 로타랙트 함부르크 동아리에 들어가 독일 학생들과도 교류하고 지역봉사도 했다. 당시 석사 과정을 공부하는 프랑스와 이탈리아 친구들과도 친하게 지냈다. 아무래도 남부 유럽이 한국 문화와 가장 근접하다고나 할까.

한편, 기숙사에 자리가 없어서 혼자 살 집을 구해야 했는데, 이때 마침 블랑케네제(Blankenese)라고 하는, 한국으로 치면 한남동과 같은 멋진 지역에 방이 하나 나왔다. 샤넬 수석 디자이너였던 칼 라거펠트(Karl Lagerfeld)의 사촌이라는 집주인은 예전에 그가 이곳에 살았었다면서 집을 보여 주었다.

운 좋게 저렴하게 구한 멋진 집에서 많은 친구들을 초대해 한국 요리를 해 주는 것이 유학 생활의 즐거움 중 하나였다. 그래서 지금도 친구들을 초대해 같이 밥 먹는 것을 너무나 좋아한다. 특히, 맛있는 와인이 넘쳐나는 유럽에서, 중고시장에서 사 온 예쁜 접시에 한식을 담아 한국을 알리는 것이 얼마나 즐거운 일과였는지.

다만, 일 년이 지나갈 때쯤 한 가지 불편했던 것은, 한국 유학생을 찾아볼 수 없었던 함부르크에서 한국어로 의사소통이 가능한 친구를 만나고 싶었던 것이다. 이런 내 마음을 읽은 터키 친구가 어느 날 "승은, 내 남자 친구가 다니는 법대 석사 과정 교환학생 중에 한국 남학생이 있대, 꼭 한번 만나 봐" 하고 소개해 주었다. 호기심이 발동한 나는 바로 이메일 주소로 커피 미팅을 신청했다. 그리고 그 만남이 후에 나의 인생 방향을 룩셈부르크와 인연을 맺게 하는 결정적인 계기가 될 줄이야….

스웨덴 입양인 에릭과의 첫 만남

"안녕하세요, 박승은이라고 해요."

"미안해요. 한국말 못해요. 저는 한국에서 태어났지만 두 살 때 스웨덴으로 입양된 입양인이에요."

"아, 그렇군요…."

한국어가 가능한 친구를 만나는가 했는데, 그 기대는 순간 실망으로 변했다. 그리고 난생처음 만난 '입양인'이라는 카테고리에 속한 사람을 도대체 어떻게 대해야 할지, 불편하고 어색하기만 했다.

두 살에 입양된 '에릭'은 한국에 대해 아무것도 모르는 완벽한 '외국인(스웨덴인)'이었다. 당시 나는 고 최진실 씨가 출연한 '수잔 브링크의 아리랑'을 보고 '입양인＝불쌍한 사람＝슬픈 내면을 가진 사람＝불행한 사람＝중산층 이상의 가족에 입양된 사람'이라는 공식으로 알고 있었다. 하지만 에릭을 만나면 만날수록 내가 갖고 있던 공식과 모든 것이 정반대의 사람인 것을 알게 되었으니, 그건 정말 충격이었다.

"성인이 되어서 한국에 가 본 적 있나요?"

"아니요, 저는 한국에서 태어났지만 두 살 때 입양되어 줄곧 스웨덴에서 자랐어요. 그러니 저는 스웨덴 사람이에요. 한국에 대해서 아무것도 아는 게 없어요. 나는 나 자신을 스웨덴 사람으로 생각하고 항상 행복해요. 그래서 먼 한국까지 가 볼 생각을 못했어요."

나보다 두 살 어린 그를 '동생'으로 부르기로 했다.

"한국 같으면 에릭 씨는 내 '동생'이에요. 나보다 두 살 아래니까. 그래서 오늘 커피는 내가 살게요."

나중에 알았지만, 처음 만나자마자 나이부터 물어보는 것도 그렇고, 동생 vs 누나라는 이상한 나이 개념(definition)에 집착하는 것이 참 이상하고 불편했다고 한다. 맞다. 한국 사람은 외국에 나가면 나이로 서열을 정하는 게 가장 중요하니까.

그런데 요즘 나는 누가 '언니 vs 동생' 하자고 하면 정중하게 거절한다. 타국에서 만난 언니와 동생의 관계가 얼마나 서로의 삶에 쓸데없이 관여하고 의무감을 갖게 하는지, 가까워질수록 멀어지고 싶은 그런 호칭 관계는 이제 처음부터 적극적으로 사양한다. 20년 간 해외에 살면서 깨달은 것은 '누구누구 씨'로 어느 정도 '거리'를 둘 때 서로 건강한 관계가 지속되는 것 같다. 사람과 사람의 거리는 너무 가깝지 않을 때 서로에게 상처를 주지 않는다는 것을 슬픈 이별 경험들을 통해 터득했기 때문이다.

에릭과 '한국 누나-스웨덴 남동생'의 어색한 관계는 만나는 횟수가 거듭될수록 서로 이성에 대한 호기심으로 바뀌었다. 그때마다 내가 타지에서 외로워 지금 제정신이 아닌 게 아닌지 스스로에게 계속 물어보고 있는 중이었다. 그런데 어느 날 당시 함부르크에서 가장 힙하던 차이나 라운지(China Lounge)에서 술을 한잔 하다가 서로 이성으로서 호감을 갖고 있음을 확인하고, 이날부터 우리는 연인 관계로 발전했다.

하지만 내 마음속에서는 끊임없이 갈등이 일어났다. '내가 이 사람을 정말 좋아하는 건지, 외로움 때문에 생긴 감정인지' 계속 물어봐야 했다. 그동안 찐한 연애 경험이 전무했던 나에게 우리 부모님이 말씀하시던 '방탕한 유학생 여자'가 되는 게 아닌가 하는 무서움과 죄송함 같은 도덕적인 잣대가 나를 짓누르고 있었다.

당시 육체적 반응과 정신(남편을 좋아하는 마음)이 일치되지 않아 독일 정신과와 산부인과에 간 적이 있다. 내 몸은 20대 건강한 여성이었으나 아버지로부터 귀에 박히도록 들어온 나쁜 남자 프레임에 갇혀 있었다. 그날 여의사는 내게 엄청나게 보수적인 가정에서 자랐는지 물어보았고, "건강한 연애는 육체적인 사랑을 허용한다"고 들려주었다. 그러고 보니 나는 20대 중반이 되어 가도록 성교육을 제대로 받은 적이 없었다.

어느 날 에릭이 처음 속마음을 털어놓았다. 본인은 생물학적 어머니(여성)에게서 한 번 버림받은 사람이라 여성과 사귀는 것이 힘들다고, 그래서 아예 여성과의 만남 자체가 두렵다고 했다. 그러니 그도 찐한 연애는 처음이었다! 마치 'Dumm & Dummers'처럼 지금 생각해 보면 우리의 연애는 우스꽝스럽도록 서툴렀다. 우리는 왕초보 연애에 대해 공부하면서 20대 중후반 4년간 롱디(long distance)를 했다.

그러면서 초반에는 확신이 들지 않았다. 우리는 시간을 두고 서로의 마음을 테스트해 보자고 했다. 그리고 결정적으로 이 남자와 결혼해야겠다고 확신이 든 순간이 있었다. 그는 비가 오거나, 밖에서 사람을 만나거나, 아플 때도 매일 저녁 9시 약속한 시간에 전화를 걸어줬다. 당시 스카이프(룩셈부르크 스타트업)가 없었다면 우리의 인연은 이어지지 않았을지도 모른다. 그는 함부르크를 떠나 영국 맨체스터대학에서 법학경제학석사(LL.M.) 과정을 이어갔고, 나는 함부르크에 남아 학업을 마무리해야 했다.

에릭은 영국 맨체스터대학에서 학업을 마치고 유럽의회 공무원 시험을 본 다음 벨기에 브뤼셀에 본부가 있는 유럽의회에서 일하고 싶어했고, 드디어 본인이 꿈에 그리던 그곳에서 인턴십을 시작했다. 그 무렵 나는 독일 함부르크대학교 MBA를 졸업하고 뒤셀도르프에 있는 한국 대기업 유럽 본사에서 일하고 있었다. 하지만 독일 뒤셀도르프와 브뤼셀의 장거리 연애는 생각보다 무척 힘들었다. 거리적으로 멀기 때문에 한 달에 한두 번 만날 수 있었으니까. 결국 우리는 유럽 내 같은 나라에서 함께 직장을 구하기로 새로운 목표를 세웠다.

에릭의 스웨덴 양부모님은 아이가 생기지 않아 어렵게 에릭을 입양했다. 그리고 큰 사랑으로 품어 주신 덕분에 그는 밝은 내면을 가진 행복한 사람으로 자랐다. 하지만 처음으로 그의 스웨덴 부모님을 만나러 갔을 때, 나는 이 사람과 당장 헤어져야 하나, 심각하게 고민한 적이 있다. 에릭의 부모님은 스웨덴 시골에서 고등학교를 나와 아버지는 요리학교 출신 요리사, 어머니는 장애인을 돕는 사회복지사였다.

그리고 스웨덴 집은 방 하나에 거실과 지하실이 있는, 너무나 좁아서 우리 둘은 항상 지하실에서 자야 하는, 스웨덴 노동자 중에서도 하위층에 속하는 집안이었다. 강남에서 유년기, 청소년기, 청년기를 보낸 나는 대졸 이상, 중산층 이상의 친구, 모두 대학을 졸업한 중산층 이상의 친척들로 이루어진 집단에서 성장했기 때문에, 그때까지 한 번도 블루컬러(노동자 계층)을 만난 적이 없었다.

그 이후의 이야기는 안 해도 불 보듯 뻔하다. 대학교를 졸업할 때까지 모범생이었던 딸이 어느 날 사랑에 빠졌다며 데려온, 뿌리도 근본도 모르는 스웨덴의 가난한 시골집에 입양된 겉모습만 한국 사람인 에릭!

우리는 독일 대학원 유학 시절 딱 3개월 만난 이후 계속 장거리 연애를 해야 했다. 처음에는 에릭이 LL.M.을 마쳐야 하는 영국 맨체스터, 다음은 내가 석사를 마치고 첫 직장을 가진 독일 뒤셀도르프,

그리고 남편의 첫 직장인 벨기에 브뤼셀까지 롱디 4년이 지날 때쯤 우리는 오래 기다려야 하는 만남에 지쳐 있었고, 이제는 결혼을 해서 합치자는 결론에 다다랐다. 언제까지 부모님에게 입양인 남자친구를 속일 수가 없었다.

그런데 에릭과의 결혼을 선언하려면 우리는 가장 먼저 경제적 독립이 필요했다. 당시 에릭의 꿈은 벨기에 브뤼셀에 있는 유럽의회 공무원이었다. 스웨덴 대학에서 정치학(political Science)을 공부하고 LL.M.을 마친 에릭은 브뤼셀에서 공무원 시험을 준비 중이었다. 하지만 국가고시는 보통 일 년 이상의 시간이 걸리기 때문에 돈이 한푼도 없는 그는 마냥 국가고시만 준비할 수는 없었다.

어느 날 그가 '룩셈부르크'라는 나라에 있는 미국계 은행에서 주니어 포지션(신입직)을 구한다고 했다.

'룩셈부르크? 그래, 룩셈부르크는 대학교 동기인 지영이가 살았던 그 나라잖아! 독일어가 공용어 중 하나인데, 그럼 나도 직장을 구할 수 있겠네. 그래 가자! 에릭이 먼저 은행에 취직해서 국제기구 (마침 룩셈부르크에도 유럽의회 기구가 있었다.) 국가고시를 준비하면 나도 거기서 일을 찾을 수 있을 거야.'

그렇게 에릭은 2006년, 나는 2007년에 룩셈부르크에 정착하며 부모님에게 정식 결혼 허가를 받기로 했다.

입양인 에릭이 25년 만에 돌아온 한국

예상한 대로 부모님은 난리가 났다. 어머니는 쓰러지시고, 아버지는 아무 말씀도 없으셨다. 나는 어머니에게 간곡하게 부탁했다.

"엄마, 스웨덴 스톡홀롬에서 에릭을 딱 한 번만 만나 보세요."

에릭은 내가 강남 여자로 어떻게 별나게 자라왔는지 잘 알고 있었고, 나의 부모님이 얼마나 보수적인지도 들어서 알고 있었다. 그래서 그는 어머니와의 첫 만남을 더욱 긴장하며 준비했다.

에릭은 스웨덴 스톡홀름의 올드타운 감라스탄(Gamla Stan)에서 어머니를 처음 만났을 때 "승은이를 사랑합니다. 결혼하게 해 주세요"라고 말했다. 아직도 잊혀지지 않는다, 그날 어머니가 얼마나 많이 우셨는지. 그동안 딸을 어떻게 키웠는데, 어디서 주워 왔는지도 모르는 입양인과 결혼을 하겠다니…. 어머니는 아마도 배신감이 컸을 것이다. 내가 부모가 되고 보니, 어머니의 딸에 대한 마음이 정말 이해가 된다.

그리고 아버지의 승낙을 받기 전에 나는 경제적으로 독립했다는 것을 꼭 보여 드리고 싶었다. 아니, 꼭 그래야만 했다. 입양인 예비사위가 은행원이라는 건 어느 정도 점수를 땄지만, 더욱 강력한 안정감이 필요했다.

나도 미친듯이 직장을 구했다. 마침 룩셈부르크에 있던 한국 은행들은 IMF 이후에 모두 철수했다. 그래서 마지막으로 룩셈부르크 주한대표부에 연락하니 김윤희 대표라는 분이, 어떤 중소기업 대표가 룩셈부르크에 유럽 법인을 내려고 하는데 현지에서 법인을 맡아 줄 대표를 찾고 있다고 연락해 보라며 이메일 주소를 알려 주었다.

나는 당장 그 중소기업 대표에게 이메일을 보냈다. 마침 그분은 딸이 공부하고 있는 오스트리아에 출장 중이었고, 나는 지금도 잘하는, "내일 비행기표로 당장 갈 수 있습니다. 만나서 면접 볼 기회를 주세요"라고 했다. 그러자 나의 저돌적인 태도에 놀란 눈치였다. 면접은 일사천리도 진행되어, 한국의 반도체 중소기업 유럽법인의 대표가 되는 소중한 기회를 얻었다.

그래서 아버지의 승낙을 받으러 가는 발걸음이 가벼웠다. 만일 부모님이 반대하면 둘 다 경제적으로 자립했으니까 우리끼리 결혼식을 하면 된다고 생각했다.

25년 만에 처음 서울 땅을 밟은 에릭의 반응이 걱정되었다. 하지만 인천공항에 내리자마자 특유의 긍정 마인드로 환하게 웃으며 서울이 너무 좋다고 했다. 안도감이 들었다.

하지만 에릭은 어머니가 긴급 소집한 K이모의 동생 J삼촌의 면접을 봐야 했다. 당시 J삼촌은 한국 주요 은행의 대표임원이었고 뉴욕에서 공부한 재원이었다. 아직도 그날의 화끈거리는 질문이 생생하게 기억난다.

"에릭 씨, 당신은 룩셈부르크에서 미국 은행 신입사원으로 시작하네요. 그럼 10년 후에 본인은 어떤 일을 하고 있을 거라고 생각하나요?"

입사 면접과 비슷한 질문을 해 당황스러웠지만, 에릭은 단숨에 이렇게 말했다.

"글쎄요, 그건 저도 잘 모르겠어요. 10년 후의 일을 누구든 예측하기는 힘들기 때문이죠. 하지만 저는 매사에 최선을 다할 것이고 그런 다음 가장 좋은 선택을 할 겁니다."

예비사위와 말이 안 통하는 어머니는 J삼촌에게 과연 에릭이라는 입양인이 우리 딸을 데려가 잘 살게 해 줄 수 있는지 궁금해서 사전에 이것저것 물어봐 달라고 부탁하셨을 것이다. 아마도 한국에서 교육받은 남자라면 저런 질문에 아주 그럴듯하게 대답했을 것이다. 그때부터 알았지만, 에릭은 조금의 과장이나 허황된 말을 하는 사람을 매우 싫어한다. 한국 사람들이 겉치레로 '조만간 밥 한번 먹자'는 말을 믿고 그 사람의 연락을 한 달 이상 기다린다. 게다가 한번 본인 입으로 내뱉은 말은 눈이 와도 비가 와도 아파도 반드시 지킨다.

많은 사람들이 도대체 왜 가난한 스웨덴 입양인과 결혼을 결심했느냐고 물어봤는데, 내가 반한 부분이 이것이다. 거짓말을 단 한마디도 못하고, 정제수같이 순수한 마음, 그리고 약속을 꼭 지키는 그 우둔한 성실함. 만난 지 20년이 되어 가는 지금까지도 에릭은 그때와 조금도 변함이 없다.

남편의 진실한 프로포즈는 부모님을 감동시켰고, 결국 우리는 2007년 6월 9일 '한국의집'에서 전통혼례식을 올렸다. 하지만 그날 나홀로 눈물바다가 된 것은 어처구니없는 에피소드 때문이었다.

당시 유행하던 프랑스제 명품 가방의 신상품은 하얀 바탕에 알록달록 여러 가지 색이 있는 디자인이었다. 그날 강남에서 함께 유년기를 보낸 내 친구들의 가방이 약속이나 한 듯 하나같이 명품 신상 디자인이었다. 갑자기 어머니가 당황해하면서 분주해지셨다. 나중에 신부 대기실에서 어머니와 어머니의 지인들이 속삭이듯 이야기하는 소리가 들렸다. 시어머니가 입은 옷과 아주 낡아빠진 가죽 손가방 이야기였다. 아차 싶었다. 결혼식 하객은 내 친구들보다 부모님의 지인들이 더 많았다. 모두 외국인 시부모님의 옷과 가방, 그리고 착용한 액세서리 등을 궁금해한다는 것을 예상하지 못했다.

어머니와 동생은 이런 상황을 눈치채고 시어머니에게 어머니의 가방을 들게 했다. 시어머니는 영문도 모른 채 그 가방을 어색하게 들고 계셨다. 신부 대기실에서 이 이야기를 듣고 나는 펑펑 울었다. 부모님을 친구분들 앞에서 당황스럽게 만든 것 같아 너무 속상했다. 다행히 전통혼례식에서 다소곳이 양손을 모으고 고개를 숙이고 있어 퉁퉁 부은 내 눈을 눈치챈 사람은 아무도 없었다.

양쪽 부모님과 함께 신혼여행을 간 제주도에서 나는 에릭에게 참았던 말을 하고 말았다.

"에릭, 내가 얼마나 얘기했어? 여기 서울 사람들은 머리부터 발

끝까지 무슨 브랜드를 입는지, 머리 스타일은 어떤지, 가방은 어떤 브랜드를 드는지, 하나부터 열하나까지 신경쓰는 동네야. 네가 자란 스웨덴 깡촌 시골이 아니라니까!"

아직도 그때 에릭이 했던 대답을 잊을 수가 없다.

"승은, 너는 우리 부모님과 결혼한 게 아니야. 너는 나랑 결혼했어. 내가 너를 행복하게 해 줄 거야. 우리 부모님이 비록 교육을 못 받고 가난하지만, 그 가난한 상황에서 나를 입양해 사랑으로 키워 주셨어. 나를 낳은 한국의 생물학적 부모들은 가난 때문에 나를 해외 입양기관에 보낸다고 서류에 적혀 있는 거 봤어.

내가 한국에 오니까 어떤 생각이 드는지 알아? 길거리에서 오토바이를 타고 짜장면 배달하는 사람을 보면서, 아마도 내가 한국 고아원에서 컸다면, 이렇게 유럽의 좋은 공교육을 받아 은행원이 될 수 있었던 게 아니라, 너처럼 학원도 못 다니고 대학 교육은 꿈도 못 꿨을 거야. 그냥 하루하루 생계를 위해 나도 짜장면 배달원이 되었을지도 모른다고 생각했어. 그래서 나는 사랑으로 키워 준 스웨덴 부모님이 얼마나 자랑스럽고 고마운데. 그리고 내가 하고 싶은 공부를 무상으로 시켜 준 그 나라가 얼마나 고마운데.

네가 물어봤지? 낳아 준 한국 부모님을 찾고 싶냐고? 왜 한국 사람들은 피로 이어진 혈통만 중요시하지? 나에게는 나를 낳아 준 부모님은 의미가 없어. 나를 이렇게 올바르게 성장시켜 준 스웨덴 부모님이 내 진짜 부모님이야. 너는 우리 부모님이랑 결혼한 게 아니니까 앞으로도 남의 말에 신경쓰지 마. 그리고 그 명품 가방인가 뭔가 개성 없이 유행이라고 따라하는 '집단 모방'이 너무 촌스럽다고 생각하지 않아?

우리 하객들 사진을 다시 봐. 명품 가방 유행 모델이 무슨 학교 단체 가방도 아니고. 그런 명품 가방을 매년 디자인이 바뀔 때마다 우르르 달려가 사서 똑같이 들고 다니는 거, 코미디 같아. 유럽은 개성을 중시한다고. 우리 어머니가 들고 오신 그 낡은 가죽 가방은 할머니 때부터 물려받은 아주 소중한 역사와 의미가 있는 거야. 서울에서 아무나 다 들고 다니는 그 명품 가방보다 몇백 배의 가치가 있다고!

한국 사람들은 왜 남의 시선에서 그렇게 자유롭지 못하지? 평생 남들이 무슨 말을 하는지에 왜 그렇게 신경을 쓰면서 에너지를 허비할까? 그거 너무 슬픈 거 아니야? 말이 나왔으니 말인데, 한국은 오일 한 방울도 안 나잖아. 그런데 내가 오자마자 이상하게 느낀 게 뭔지 알아? 이 나라는 외제 승용차뿐만 아니라 국내 승용차도 경차는 거의 없고 다 너무 크단 말이야. 이것도 자기 소득 수준에 맞춰서가 아니라 남의 눈을 의식해서 큰 차를 타는 거 맞지? 정말 이해가 안 되는 나라야!"

그때 나는 아무 말도 할 수 없었다. 그리고 그는 그때 말한 약속을 그대로 지키고 있다. 2007년 결혼 후 현재까지, 그는 끊임없이 우리 부모님과의 약속, '승은이를 행복하게 해 주고, 행복한 가정 이뤄서 잘 살겠다는 약속'을 하루하루 정말 잘 지키고 있다. 하지만 입양인과의 결혼은 내가 성인 입양인을 입양하는 것과 똑같다는 것을 바로 배워야 했다. 그래서 입양인 부모들의 아픈 마음도 이해하게 되었다. 당시 가까운 지인들은 나를 위한답시고 이런 질문들을 여과없이 해댔다.

"생부모들이 누구래? 뭐하는 분들이었어? 왜 버렸대?"

"너 그거 알아? 왜 입양인이랑 결혼하지 말라고 하는지. 가족력으로 무슨 병이 있었는지 모르잖아. 그래서 빨리 죽을 수도 있다니까. 너 나중에 정말 조심해. 너 걱정돼서 하는 말인 거 알지?"

"입양인 외국인이랑 결혼하면 정신이상이 많아서 나중에 문제가 되게 많대. 우울증이나 자살 시도 같은 거…."

"양부모님이 얼마에 입양했대? 당시에 입양 비용이 꽤 비쌌을 텐데…."

고약한 지인들 중에는 시시때때로 '얘들 왜 아직도 이혼하지 않지? 부부 사이에 무슨 문제가 있지 않나?' 하고 기다리고 있는 듯한 질문을 툭툭 던진다. 그래서 이런 끊임없는 외풍을 막기 위해 우리 가족은 다른 가정보다 서너 배 더 존중하고, 예쁘고, 단단한 울타리를 성벽같이 쌓아 가고 있다. 그래서 어느 날 아무리 큰 태풍이 몰아쳐도 쉽게 무너지지 않는다. 지인들이 아무렇게 내뱉는 궁금증과 아무말 대잔치로 마음이 무너지던 초창기를 함께 잘 견뎌 냈기에, 이제는 서로 위하고 아껴 주는 내실 있는 부부가 되었다.

17년이 지난 지금도 가까이 지내는 친구는 매년 그때와 똑같은 질문을 한다.

"승은아, 너랑 에릭은 독일어로 이야기하잖아. 독일어가 모국어가 아닌데, 서로 정말 모든 게 100% 이해되는 거야?"

그럼 나는 별 대응 없이 피식 웃는다. 요즘 한국에서 유행하는 금쪽이 박사님이 진행하는 '벼랑 끝 부부'라는 프로그램을 몇 번 봤는데, 부부의 불화는 '언어'의 문제가 아니라 결국 서로에 대한 존중과 이해하려는 의지가 없는 데서 비롯된다는 것을 목도했다.

나는 오늘도 유럽으로 출근한다

이제는 두 딸을 둔 한 집안의 가장이고 40대가 된 그는 여전히 생부모 찾기를 거부하고 있다. 아니 그 필요성을 느끼지 못하고 있다. 그리고 나는 그의 의견을 존중한다. 모든 입양인들이 핏줄을 찾고 싶어하는 건 아니라는 것, 그들의 의사도 존중해 주는 성숙한 사회가 되었으면 좋겠다. 입양인은 불우한 환경에서 자란 불쌍한 사람이라는 일반화된 공식도 깨졌으면 한다. 원치 않는 동정은 실례가 될 수도 있다는 에티켓을 지키는 성숙한 사회가 되길 소망한다.

입양인이 불쌍한 게 아니라, 선진국이 된 대한민국이 여전히 아기를 해외로 입양 보내고 있다는 사실에 더 주목하길 바란다. 혈연주의 때문에 지금도 국내에서 입양되지 못하는 아이들이 너무 많아 해외로 보내지는 사회적 문제를 먼저 개선하는 데 더 집중했으면 좋겠다.

05

룩셈부르크, 세계 최고 부자나라에 입성하다

남편이 유럽의회 공무원 3차 마지막 논술시험을 준비하면서 다 닌 룩셈부르크에서의 첫 직장은 미국계 은행이었다. 오전 9시부터 오후 6시까지 근무에, 초봉은 당시 유럽에서 가장 높았다. 2023년 현재 룩셈부르크의 초봉은 유럽에서 1위, 전 세계에서도 거의 1위 수준이고, 평균 GDP는 1억 원 이상으로 세계 1위를 놓치지 않고 있다.

"룩셈부르크 버스기사 연봉은 1억이 넘는다"는 얘기가 있다. 이 것은 농담이 아니다. 룩셈부르크 버스회사는 국영업체이고 버스 기사는 공무원이다. 공무원은 무조건 4개 국어(룩셈부르크어, 독일이,

불어, 영어)를 해야 하고, 대부분 5개 국어까지 하는 이들도 많다. 보통 휴가는 최저 26일인데, 법정공휴일이 10일이니 총 36일을 휴가로 쓸 수 있는 나라다.

인천공항에서 가끔 택시를 타면 기사들이 "손님, 지금 어디서 오셨어요?" 하고 물어보는 경우가 있다. 그럴 때 "룩셈부르크요" 하면, "아, 독일에서 오셨구나" 하는 분들이 많다. 초기에는 "아니요, 룩셈부르크는 다른 나라예요" 하고 정정했는데, 언제부턴가 아직도 룩셈부르크라는 나라를 잘 모르기 때문에 그냥 "네~" 하고 말한다.

룩셈부르크는 독일, 프랑스, 벨기에 접경 지역이어서 여러 나라의 침략도 많이 받고 찢어지게 가난한 농업국가였다. 다행히 룩셈부르크의 천연자원인 철광물로 철광사업이 부흥하면서, 악셀로어미탈(Accelor Mittal)이라는 철강회사가 나중에는 세계 최대 글로벌 회사로 성장했고, SES라는 세계적인 위성회사의 본사도 룩셈부르크에 설립되었다.

전쟁을 겪은 유럽의 기성 세대들을 주요 유럽 미디어 회사 RTL의 '마지막 L'이 룩셈부르크(Luxembourg)의 L을 뜻한다는 것을 알고 있을 정도로, 유럽 미디어 회사의 원조를 갖고 있는 나라다.

 룩셈부르크의 고급 레스토랑에 가 보면, 그곳을 다녀간 할리우드 스타들의 사진이 걸려 있다. 그 이유는 룩셈부르크를 통한 미디어 배급사의 경우 세금 혜택의 장점이 있기 때문이다. 그래서 할리우드 메가급 필름 프로덕션들이 촬영 일부를 룩셈부르크에서 진행하기도 한다. 룩셈부르크 필름 펀드(Luxembourg film fund)는 유럽 내 협력 제작 미디어사에 펀딩을 하고, 최근에는 애니메이션 위주로 칸영화제에서 매년 상을 타는 분위기다.

 룩셈부르크 면적은 제주도의 1.4배, 인구는 70만 명도 안 되지만 GDP는 전 세계 1위다. '룩셈부르크'를 검색하면 가끔 '조세회피처'라는 옛날옛적 이야기가 나오기도 하는데, 그건 아직도 룩셈부르크에 대해 잘 알지 못하는 사실들이 많이 왜곡된 것이다. '은행 비밀계좌 개설'이 가능했던 2013년까지는 그 말이 맞을 수도 있겠다. 공식적으로 확인된 사실은 없지만, 공공연하게 북한의 검은돈이 룩셈부르크 어느 은행에 있는 것 같다는 소문도 있었기 때문이다.

 하지만 2013년 은행비밀주의 영업방식이 사라진 이후 지난 10년,

룩셈부르크의 금융산업은 어떻게 달라졌을까? 합법적인 방법으로 패밀리 오피스(family office : 부유한 고액 자산가 가문의 자산을 운영하는 회사)들이 자산 운영 시 부유세(wealth tax)와 상속세(inheritance tax)를 면제하는 규정이 크게 작용했다.

여러분이 잘 알고 있는 록펠러(Rockefeller)나 기네스(Guinness) 가문을 예로 들면, 이 두 가문은 패밀리 오피스를 이용해 첫 세대가 쌓아 놓은 부를 다음 세대로 넘기면서, 전문적인 투자 방식으로 부가 계속 늘어나도록 잘 관리해 오고 있다. 룩셈부르크에는 이런 부호 가문의 자산을 전문적으로 관리하는 '패밀리오피스협회'가 있을 정도다. 즉 유럽 주요 재벌들의 자산을 룩셈부르크에 정식으로 등록한 패밀리 오피스가 현지 자산관리법에 따라 관리하는 것이다.

이때 자산관리자는 패밀리 오피스 대표인데, 이들은 재벌가의 자산을 대리 관리하는 '집사' 역할을 하기 때문에 재벌가 실소유주의 신분이 절대로 드러나지 않게 해야 하는 엄격한 내부 규정을 갖고 있다. 자산관리자는 보통 UHNWI(Ultra High Networth Individual : 미화 30밀리언, 한화 300억 원 이상)를 부동산, 호화요트, 개인 헬리콥터 구매, 등록, 재투자 등에 신경을 쓴다.

룩셈부르크의 금융업은 현재 전 세계 펀드가 미국 다음으로 많이 설립된 펀드의 천국이다. 펀드를 설립한다는 것은 돈이 여기로 모인다는 뜻이기도 하다. 최근에 만난 스위스 벤처 캐피털사는 스위스가 아닌 룩셈부르크에 펀드 등록 주소지를 갖고 있다. 왜 그럴까? 이는 스위스는 EU가 아니고 룩셈부르크는 EU이며, 이에 따른 투자펀드를 조성하는 경우, 유럽에 있는 펀드 등록 주소지가 세제 혜택면에서 더욱 유리하기 때문이다.

예를 들어 한화 1,000억짜리 펀드를 모으고 싶다고 하자. 그럼 펀드의 법적 등록지가 정치적으로 불안한 브라질에 있다면 투자자들의 돈을 모을 수 있을까? 런던이 브렉시트 전에는 모든 투자자들이 안전하게 생각하는 유럽의 주요 금융 도시였지만, 이제는 런던이 유럽연합에 속하지 않음을 꼭 명심하자. 전통적으로 안정적인 스위스도 금융업 인기가 시들해졌다. 그렇다면 유럽이라는 법적인 바운더리 안에서 안정적으로 금융업을 할 수 있는 중립적인 나라는 결국 '룩셈부르크'가 정답이다.

2024년 현재 룩셈부르크에 유럽 본사를 둔 7개의 중국 은행은 대부분 시내 중심가에 있는 가장 큰 신규 건물에 입주해 있다. 중국 자본이 룩셈부르크에 계속 유입되면서 원래는 룩셈부르크 토박이 회사였던 세계 최대 물류항공사 카고룩스(Cargolux), 전 세계 자동차시장에서 중요한 안전센서회사인 IEE Sensing과 같은 기술회사들의 주요 주주가 되었다. 심지어 룩셈부르크에서 가장 오래된 은행이었던 BIL의 최대 주주도 중국 자본이다. 그런데 2024년 현재까지 한국 금융산업이 단 한 곳도 룩셈부르크에 둥지를 제대로 틀지 못한 것은 너무나 아쉬운 일이다. 어느 금융사가 룩셈부르크, 유럽 금융의 장점들을 가장 먼저 알아볼지 지금부터 궁금하다.

그렇다면 룩셈부르크의 취업시장은 어떨까? 한국에서 태어나도 영어를 잘하는 MZ세대들은 충분히 룩셈부르크에서 취업이 가능하다. 단, 본인의 전문분야가 확실해야 한다는 전제조건이 있다. 특히, 아마존의 유럽 본사가 '룩셈부르크'에 있는데, 현재 한국 IT 엔지니어의 취업률은 계속 증가하고 있다.

룩셈부르크는 브렉시트 이후 많은 금융권들이 런던에서 룩셈부르크로 이사를 오고 있으나, 국립 룩셈부르크대학교가 아직 20년 남짓 역사밖에 안 되어 청년 인력이 절대적으로 부족하다. 그래서 주니어 신입 인력들을 근교 국가인 프랑스나 독일에서 모셔와야 하는 실정이다. 요즘은 인도나 북아프리카에서까지 모셔온다.

그럼 룩셈부르크 임금은 어느 정도일까? 세계에서 최저임금이 가장 높은 나라는 룩셈부르크다. 2021년 1월 기준 대졸 최저임금은 2,708.35유로, 한화로 300만 원이 넘는다. 회사 경영자에게는 너무 부담스러울 수 있다고 생각되지만, 한 룩셈부르크인이 구사하는 언어가 기본 3~4개 국어(영어, 독어, 프랑스어, 룩셈부르크어) 이상이어서 해외 영업관리 업무를 맡기기에 가성비가 최고다.

반면에 현지에서 한국어가 가능한 노동력은 턱없이 부족하다. 우리 LUXKO 회사에서도 현지 인력 부족으로 성균관대 MBA 대학원생을 원격으로 아르바이트생으로 고용한 적이 있는데, 일을 너무 잘해서 매우 만족스러웠다.

독자들이 알면 깜짝 놀라겠지만, 룩셈부르크는 현재 시내 인구의 70%가 나와 같은 외노자(외국인 노동자)다. 이것은 외국인이 없으면 돌아가지 않은 경제구조라는 말이다. 룩셈부르크에 위치한 기업에서 취업통지서 한 장만 받는다면, 한국인이 세계에서 가장 적은 나라 중의 하나인 (2023년 기준 한국 교민 총 200명이 안 된다!) 이 나라에서의 취업은 많은 기회를 가져다주지 않을까 생각한다.

본인이 영어를 기본으로 하고 독일어나 불어 같은 제2외국어를 할 수 있는 전문직이라면, 룩셈부르크는 분명히 '기회의 땅'이

나는 오늘도 유럽으로 출근한다

다. 다만, 파리나 베를린처럼 북적북적하고 치열한 도시생활을 즐기는 사람에게는 스위스의 한적한 동네와 같은 룩셈부르크가 지루할 수도 있다. 하지만 부부가 맞벌이를 하면서 치안도 안전하고 삶의 질이 높은 룩셈부르크에서 아이들을 다국어 환경에서 양육하며 저녁이 있는 삶, 긴 여름휴가를 누릴 수 있는 삶, 풍요로운 생활을 할 수 있는 곳이 룩셈부르크다.

요즘 어느 나라나 노동력을 구하기가 쉽지 않은데, 외국 노동력에 50% 이상 의존하는 룩셈부르크는 2023년 9월 1일 이민법을 혁신적으로 바꾸었다. 현재까지는 한국인 배우자가 룩셈부르크에서 취업을 하면, 다른 배우자는 취업비자를 받지 않으면 절대로 취업을 할 수 없었고 절차도 번거로웠는데, 이제는 배우자가 취업비자가 따로 없어도 자동으로 취업을 할 수 있도록 이민법이 개정되었다. 이것은 앞으로 한국인들이 유럽 취업 이민을 올 때, 부부가 함께 일할 수 있는 룩셈부르크가 유럽 내 최고의 외국인 노동자 우대국가가 된 것이다.

세계에서 가장 안전한 나라, 무디스(Moodys) AAA 최고 안전 등급을 매년 연속적으로 갱신하는 나라, 50% 이상의 외국인 고급 인력이 일하는 나라, 다국어 다문화 국가에서 아이들이 최소 3개 국어를 말하는 나라, 수준 높은 공교육이 모두 무료인 이 나라가 앞으로 어떤 대박을 터뜨릴지 궁금하지 않은가!

Applicable minimum wage (gross monthly salary for 40h/week)

Age and qualification	% of the social minimum wage	Gross monthly wages as of 1 October 2021
18 years and over, skilled worker	120 %	€ 2,708.35
18 years and over, unskilled worker	100 %	€ 2,256.95

More details under: https://guichet.public.lu/en/entreprises/ressources-humaines/remuneration/paiement-remunerations/salaire.html

Projection as resident taxpayers (tax class 1 for single and tax class 2 for married)

Luxembourg	Status	Job function	Average monthly gross salary	Net Salary
	Single	Highly qualified Engineer	€ 12,000.00	€ 7,061.74
	Married with a family	Highly qualified Engineer	€ 12,000.00	€ 8,013.64
	Single	Researcher	€ 8,166.69	€ 5,090.34
	Married with a family	Researcher	€ 8,166.69	€ 6,009.54
	Single ***	Senior Administrator	€ 5,268.00	€ 3,651.38
	Married with a family ***	Senior Administrator	€ 5,268.00	€ 4,270.18
	Single ***	Junior Administrato r**	€ 2,201.93	€ 1,957.50
	Married with a family ***	Junior Administrator **	€ 2,201.93	€ 2,063.50

* Employer social security contribution rate may vary depending on employer characteristics. Worst case scenario has been taken into consideration.

** Monthly minimum wage

*** Net salary is taking into consideration tax credit on social minimum wage <<crédit d'impôt salaire social minimum>> and salary tax credit <<crédit d'impôt pour salaries>>.

More on employment and social benefits, pensions and healthcare can be found on page 35 in the recruitment section.

룩셈부르크 최저임금 및 평균임금 자료(룩셈부르크 경제부, 2021)

나는 오늘도 유럽으로 출근한다

06

스웨덴 숲속 시골집에서 얻은 인생 교훈

남편이 입양되어 자란 스웨덴 시골 플렌(Flen)주는 스톡홀롬에서 한 시간 반 이상 차를 타고 들어가야 한다. 인구 6천여 명이 살고 있는 작은 도시에서 더 깊은 침엽수림 숲속으로 들어가면 로컬스타드(Rockelstad)라는 멋진 성이 하나 나온다. 여기서 20분 더 호수를 끼고 숲속으로 들어가면 빨간 오두막집이 한 채 있다. 이곳이 에릭이 두 살 때 입양되어 자란 스웨덴 집이다.

시댁에 처음 갔을 때, 시어머니는 나에게 에릭의 입양서류를 모두 보여 주셨다. 긴장되어 손에 땀이 났다. 그날 본 자료들은 내가 생각하지 못했던 진실들을 마주하는 것이어서 마음이 무척 아팠다.

스탠드형 태극기, 대한항공 비행기 모형 장난감, 아이와 꼭 소통해야 하는 긴급한 한국어(똥, 오줌, 배고파, 목말라, 졸려… 등 양부모가 한국 아이의 말을 알아들을 수 있게 한국 입양기관이 만든) 책자, 80년대 초 유행했던 한국에서 신고 온 ET 신발, 시어머니가 에릭을 처음 만났을 때 입고 있던 옷까지 보여 주시는데, 나는 쥐구멍이라도 있다면 숨고 싶었다.

내가 한국 중산층 가정에서 자라는 동안 남편은 입양기관을 통해 이 머나먼 나라 첩첩산중에 있는 스웨덴 시골로 왔다. 말도 안 통하는 두 살짜리 아이가 이 낯선 곳에서 처음에 얼마나 무서웠을까? 스웨덴 시댁은 GPS로도 찾기 어려울 만큼 깊은 산속에 있다. 서울의 친정어머니가 스웨덴에서 올린 두 번째 결혼식 때 오셨다가 또 한번 오열을 하실 정도였다. 곱게 키운 딸이 깊고 깊은 스웨덴 산속 마을에 뿌리도 없는 입양인 출신 가난한 시골 촌놈과 결혼을 하다니, 억장이 무너지셨을 것이다.

나도 처음에는 스웨덴 산골 시댁이 너무 싫었다. 이 침엽수림만 가득한 산속에서 뭘 해야 하지? 대자연에서 느끼는 자연의 경이로움보다는 모든 게 낯설고 무서웠다. 그런데 무스(Moose) 떼들이 새벽에 마당 앞에 있는 사과나무 열매를 따 먹고 사슴 가족들이 유유히 산책하는 광경을 보면서, 시간이 지나고 코로나를 겪으며 대자연의 매력에 갑자기 푹 빠졌다.

마스크를 쓰지 않아도 되는 상큼한 공기와 깨끗한 물을 맘껏 마실 수 있는 대자연! 그리고 좀 더 관심을 가지고 주위를 둘러보니 스웨덴의 유명 정치인, 경영자, 대학교수, 작가들이 이 숲속에 집을 짓고 사는 게 아닌가. 나는 남편에게 그런 이웃들을 만나러 가도 되느냐고 물어보았다. 남편은 기겁을 하면서 이렇게 말했다.

"여기 깊고 깊은 시골에 그분들이 별장을 짓고 들어와 있는 이유가 뭔지 알아? 사람들을 만나지 않으려고 그러는 거야. 혼자만의 시간을 보내며 힐링하는 거라구."

20대 말의 나였다면 남편의 말이 이해되지 않았을 것이다. 이 깡시골에서 혼자 무슨 힐링을 한다고? 그런데 이제 40대 중반의 사업가가 되고 보니 그 의미를 알 것 같다. 인간관계에서 상처를 받았을 때 아무도 없는 스웨덴 호숫가에서 노을 지는 것을 바라보고 새소리를 들으며 자연이 나를 위로해 주는 느낌은 자연 속에 혼자 있어 본 사람만이 알 수 있다.

지금 누군가 험난한 세상살이에 지쳐서 안 좋은 생각을 하고 있다면, 스웨덴 숲속 빨간 오두막집(Sommerhuset)에서 한 달 살기를 강력하게 추천하고 싶다. 그러면 힘들었던 일들이 세상과 완전히 단절되면서 정말 별 게 아니구나 하는 생각이 들기도 한다. 특히, 말도 안 통하는, 남에게 전혀 관심 없는 스웨덴 사람들이 사는 시골에서, 당신이 여기서 뭘 하는지 뭘 했던 사람인지 물어보는 사람은 아무도 없다. 그냥 현재 내 앞에 있는 당신 그 존재 자체로 존중받는 새로운 신세계다.

생전에 시어머니가 자주 하시던 말씀이 있다.

"Titta på blommorna!"(이 꽃 좀 봐!)

처음엔 시어머니가 이 바쁜 세상에 가장 행복한 얼굴로 꽃을 가리키면서 감탄하는 모습을 보고 이해가 안 되었는데, 그 말은 시어머니가 내게 남겨 주신 가장 소중한 인생 교훈이다. 힘들 때마다 내 주위의 작은 아름다움에 집중하다 보면, 힘들게 느껴지는 큰 사건이나 고통의 기억들이 많이 상쇄된다. 여러분도 내일 당장 동네 꽃집에서 작은 화분을 하나 사 보라고 권하고 싶다. 어느 날 무심코 핀 꽃 한 송이에서 소소한 일상의 기쁨을 얻는 것이 의외로 살아가는 데 큰 힘이 된다. 심지어 한국에는 꽃을 집으로 배달해 주는 정기 구독 서비스 꾸까(Kukka)도 있지 않은가!

시어머니가 돌아가신 후, 작은 시골집은 썰렁해졌다. 시어머니가 가꾸시던 작은 식물들의 온기가 이 집을 가득 채워 주었었다는 것을 새삼 깨달았다.

스웨덴 시골집 곳곳에 남편의 사진이 걸려 있다. 입양되어 얼마 안 된 아기 사진부터 초등학교, 중학교, 고등학교, 대학교 때 사진, 우리 결혼식 사진, 우리 아이들 사진까지. 시어머니는 그렇게 남편 에릭을 사랑으로 키워 주셨다. 그런데 살아 계실 때 나는 고맙다는 인사를 한 번도 제대로 하지 못했다. 오히려 그녀의 현실 세계와 동떨어진 느린 생각을 너무 답답해했다.

시어머니는 스웨덴 신문에 한국 관련 뉴스가 나오면 스크랩해서 정성들여 쓴 카드와 함께 룩셈부르크에 있는 우리에게 보내 주셨다. 당신의 얼굴이나 머리 색깔 그 어떤 것도 닮지 않은 두 손녀가 태어났을 때도, 이웃들에게 손녀 사진을 보여 주며 자랑하신 분이다. (이때도 고약한 한국 지인은 손녀들이 시부모님들과 전혀 닮지 않아 시부모님이 속상하시겠다고 아무렇지도 않게 말했다.)

시어머니가 췌장암으로 갑자기 세상을 떠나시고 홀로 남은 시아버지는 요즘 많이 외로워하신다. 우리는 병원이 가깝고 바로 옆에 이웃들이 사는 좀 더 편리한 도시로 이사할 것을 권했지만, 시골 집을 떠나려 하지 않으신다.

나는 지금 저 하늘에 계신 시어머니께 꼭 들려 드리고 싶은 이야기가 있다.

"Anki, 에릭을 이렇게 멋지게 키워 주셔서 정말 고맙습니다. 어머니가 정성스럽게 키워 주신 에릭과 함께 아름다운 가족을 이룰 수 있게 해 주셔서 감사합니다."

07

유럽에서 반도체(Semiconductor)를 파는
한국 여자 Semi PARK

내가 룩셈부르크에서 입사한 첫 직장은 한국 중소기업 반도체 회사의 해외 영업(유럽)과 관리였다. 나홀로 유럽 법인을 만들고, 반도체를 유럽 시장에 팔아야 했다. 나는 내가 영업맨 체질이란 걸 잘 알고 있었다. 새로운 사람을 만나고 제품을 설명하고 고객을 설득하는 건 항상 나에게 에너지를 불어넣는 일이었다.

당시 한국 반도체는 유럽 반도체에 비해 가격이 매우 낮았지만 고성능에 품질관리는 최고였다. 룩셈부르크에 유럽 법인을 설립하고 파리, 독일, 스페인, 심지어 안도라라는 작은 유럽 도시국가 산꼭대기 공장까지 안 다녀본 유럽 국가가 없을 정도였다.

그런데 영업을 하고 다니면서 내 한국 이름 '승은(Seungeun)'의 발음이 걸림돌이 된다는 것을 알았다. 유럽인들이 발음하기가 너무 어렵고, 기억하는 것은 더더욱 불가능했다. 그래서 고민 끝에 만든 영어 이름이 semiconductor(반도체)의 Semi다. 아직까지 유럽에서 업무로 만난 사람들은 나를 '승은'보다는 '세미(Semi)'로 알고 있다.

안도라 공장의 B2B 큰 계약을 체결하고 나니 유럽 쪽 수출 물량이 갑자기 커졌다. 단번에 5백만 개를 판매하게 된 것이다. 그리고 한국 본사에서 대통령 수출탑을 받았다는 기쁜 소식이 날아왔다. 한국의 기술력이 강한 기업을 키우는 업무가 내 체질에 맞는다는 것을 안 것은 이 반도체 회사의 유럽 해외 영업 경험 덕분이다. 스스로 알아서 유럽 법인을 설립하고, 운영하고, 물건을 팔고, 관리하고, 아무도 가르쳐 주지 않아도 알아서 프로토콜 없이 닥치는 대로 하는 것!

그런데 내가 나중에 나의 첫 회사 LUXKO를 창업해야 하나 고민에 빠져 있을 때 가까운 지인이 이렇게 충고했다.

"승은아, 너 같은 사람이 사업을 시작하면 이 세상에서 돈 버는 게 너무 쉽지 않겠어? 나 같은 직장인들 누가 아침 9시부터 저녁 6시까지 종일 사무실에 앉아 있고 싶어 하겠어. 사업이 쉬웠으면 다들 자영업을 하지. 사실 너는 대기업 조직사회에서 일을 오래 안 해 봐서 회사가 어떻게 굴러가는지 기본도 잘 모르잖아. 그런 기본기도 없는 네가 사업을 어떻게 해? 이게 다 너를 위해서 하는 말이니까, 너보다 많이 산 인생 선배로서 조언하는 거니까 잘 새겨들어."

정말 그럴까? 아니, 그녀가 간과한 것이 있었다. 오히려 대기업 조직사회에 길들여진 사람일수록 창업/스타트업/중소기업 업무를 하기 힘들어한다는 것을. 틀에 짜인 프로토콜 내에서 움직이지 않는, 오늘과 내일 시시각각 변하는 중소기업에서 스스로 일을 만들어가는 사람이 아니라면, 위에서 내려오는 명령과 지시를 기다리는 것에만 익숙하다면, 중소기업/스타트업의 일은 분명 힘들 수밖에 없다. 실제로 대기업에서만 평생 일해 온 나이든 임원급이 중소기업 환경에 적응하지 못하는 것을 종종 보았다.

이들은 머리가 굳을 대로 굳어서 스타트업의 유연함에 적응하지 못하고, 끊임없이 조직 탓, 회사 재정 탓만 하고 불평불만은 기본, 아랫사람에게 지시하고 닦달하는 것에 익숙하다. 진정한 리더십이란 아랫사람들을 닦달하며 본인의 목표만을 달성하는 것이 아니라, 본인의 능력을 먼저 보여 주고 직접 실천하는 것이 아닐까. 대기업(큰물)에서 체득한 노하우를 중소기업에 어떻게 적용하여 회사 이익을 창출할지 고민하고, 본인이 먼저 능력을 보여 주는, 가르쳐 주는 것 말이다.

내가 좋아하는 여성 창업인 가운데 한 사람인 사라 블레이클리(Sara Blakely)는 미국 타임지에서 뽑은 가장 영향력 있는 인물 100인에 선정되기도 했다. 그녀는 스팽스(Spanx)라는 체형 보정 스타킹을 개발해 창업했다.

원래 그녀는 집집마다 돌아다니며 팩스 기기를 파는 영업사원이었다. 블레이크가 창업가로 변신한 계기는 자신이 입던 일반 스타킹이 싫어서 신개념의 체형 보정 스타킹을 개발하면서다. 그리고 2021년 세계 최대 사모펀드 운영회사인 블랙스톤에 회사 지분을 절반 이상 매각한 후, '자수성가 여성 억만장자'로 미국 "Billionaire" 잡지 표지를 장식했다. 뿐만 아니라 직원 750명에게 10,000달러씩의 보너스와 비행기 퍼스트클래스 티켓을 살 수 있게 해 주었다.

그녀의 소셜 미디어는 네 자녀를 키우면서 워킹맘으로 일하는 일상(차에서 전화 회의를 하는데 펜이 없자 립스틱으로 전화번호를 다리에 받아 적는 것과 같은)을 가감 없이 보여 주었다. 육아를 하면서 일을 한다는 것이, 몸은 고달파도 마음은 즐겁다는 것을 유쾌한 방법으로 보여 준 것이다.

그녀는 자신감 있고 탁월한 능력이 있어서 자수성가형 백만장자가 될 수 있었을까? 결코 아니다. 그녀의 성공을 자세히 분석해 보면, 가장 큰 것은 실패를 두려워하지 않는 용기였다. 언젠가 그녀는 언론 인터뷰에서 아버지로부터 받은 '실패교육'에 대해 이렇게 말했다.

"저희 아버지는 우리에게 실패를 해 보기를 장려하셨어요. 저희가 자랄 때 아버지는 우리에게 이번 주는 어떤 일에 실패했는지 물어보시곤 했어요. 저희가 실패한 것이 없는 날은 무척 실망하셨구요. 그것이 바로 제가 어렸을 때 '실패는 결과가 아니다(과정이다)'라는 생각을 하게 된 계기가 되었어요. 실패하는 것을 절대로 두려워하지 마세요."

요즘은 오랫동안 전업주부로 살아왔더라도 아이디어와 열정을 키워 나갈 수 있는 배짱만 있다면 누구나 사업가가 될 수 있는 시대가 되었다. 특히, 디지털 미디어 시대에는 제품을 전 세계를 대상으로 홍보하는 데 인스타그램 주소 하나만 있어도 가능한 세상이다. 시작하는 것에 대한 두려움과 실패에 대한 걱정을 미리 하지 않는다면 당신은 무엇이든지 이뤄 낼 수 있다.

08

리먼 브라더스 사태로
실업자가 넘쳐나던 룩셈부르크

잘나가던 룩셈부르크 한국 반도체 회사는 '리먼 브라더스 사태'
가 터지면서 급작스런 변곡점을 맞았다. 한국 본사에서는 대통령
수출탑까지 받았기 때문에 해외 시장 영업에 대한 기대가 더욱 커
졌고, 성탄절 휴가가 시작되기 전에 내년도 영업 목표 물량을 정
하는 것을 우선순위로 잡고 있었다.

"박 대표, 내년도 은행에 납품할 반도체 영업 목표 물량은 어떻
게 되나요?"

"이번 리먼 브라더스 사태로 은행들이 내년도 수량을 계속 주지
않네요. 어떻게 하죠?"

"다음 주까지 내년도 목표 수량이 안 나오면 현재 환율을 감당하기 힘들어요. 유럽지사 유지 비용이 환율 널뛰기로 거의 두 배로 올랐어요."

그리고 성탄절을 앞둔 2주 전, 룩셈부르크 지사 팩스 기기가 울렸다. 서울에서 온 팩스였다. 박승은 지사대표 해고통지서와 룩셈부르크 지사를 청산하기로 했다는 본사 이사회 결정안과 3주 안에 법인을 닫으라는 내용이었다. 서울 본사 담당자는 전화도 받지 않았고, 나를 철저히 배제시켜 버렸다. 결국 관련 서류를 들고 먼저 찾아간 곳은 룩셈부르크 노동청이었다. 담당자는 팩스를 보고 나서 피식 웃으며 이렇게 말했다.

"이건 완전한 불법인데요. 룩셈부르크 노동법규에 따르면 해고통지서는 팩스로 보내는 게 아니라 개인 집주소로 우편으로 보내야 하고, 유럽에서는 (특히, 룩셈부르크에서는) 청산(Liquidation)의 경우 현지 법인대표에게 해고를 통보한 후, 석 달치 월급을 줘야 해요. 유럽의 노동법도 모르고, 황당하네요. 당신의 모국 한국에서는 회사 청산을 3주 안에 할 수 있나요? 그리고 회사를 청산할 경우에도 법인 설립 때와 마찬가지로 비용이 똑같이 들어요. 공증인에게 가서 직접 청산신고도 해야 하고. 한국 본사에 전하세요, 지금 보낸 팩스는 불법이라고. 룩셈부르크 노동청에서 한국 본사를 법적으로 고소한다고 하세요." (다행히 룩셈부르크 노동청의 도움으로 법인은 현지 법적 절차를 거쳐 3개월이 걸려서 닫았다.)

그리고 성탄절 휴가를 떠나는 날, 한국 본사 대표에게 전화가 걸려왔다. 한참을 망설이다가 결국 받지 않았다. 마지막에 서로 감정을 상하면서 통화하고 싶지 않았기 때문이다. 몇 년 후 본사는 어려운 시기를 잘 이겨내고 코스닥에 상장했다는 말을 전해 들었지만, 팩스로 해고통지서를 받고 갑작스레 혼자 법인 청산을 한 기억은 큰 트라우마로 남았고, 회사에 대한 배신감도 컸다. 아무리 좋았어도 끝이 나쁘게 기억되는 이별은 언제나 힘드니까….

힘들게 해외 출장을 다니면서도 신났던 날들과, 5백만 수출 물량 계약을 돌파했을 때의 기쁨이 이렇게 허망하게 '남의 일'로만 끝나고 말았다. 결국 직장인의 삶이란 아무리 화려했어도 해고통지서 한 장이면 간단하게 정리되는 것이고, 직장인은 오늘이라도 해고될 수 있다고 생각한다면, 내가 그동안 쌓아 온 내공(전문지식)을 해고 후에 어떻게 사용할 것인지에 대한 고민과 준비가 절실하게 필요하다는 것을 오히려 일찍 배우게 되어 감사했다.

회사를 청산하고 6개월 후, 나는 ADEM(룩셈부르크 unemployment agency : 정부 산하 실업자 구직사무소)에 매번 아침 8시에 일등으로 도착했다. 룩셈부르크의 실업급여는 회사에서 받던 기존 월급의 80%를 해고 후 12개월간 받을 수 있다. 대신 ADEM에는 3주에 한 번 직업 상담을 해 주는 공무원(직업상담소 직원)을 만나러 가야 한다.

구직사무소에 갈 때마다 아는 사람들이 눈에 띄었다. 당시 룩셈부르크는 은행업으로만 경제를 불리고 있는 나라였기에, 리먼 브라더스 사태로 아이슬란드 은행이 파산하는 등 이 작은 나라는 절체절명의 경제 위기에 놓여 있었다.

자국민도 실업자들로 넘쳐나는 룩셈부르크에서, 국가 공식 언어인 룩셈부르크, 독어, 불어 중에 독일어밖에 하지 못하는 한국 여자가 취업할 자리는 그 어디에도 없었다. 지난 6개월간 50개 기업에 지원서를 냈는데, 모두 떨어졌다. 그러자 룩셈부르크 공무원은 심각한 표정으로 이런 말을 했다.

"재취업이 쉽지 않죠? 박승은 씨는 룩셈부르크에서 재취업하기가 정말 어려울 것 같아요. 본국으로 돌아가시는 게 어떤가요?"

"저기요, 저는 결혼해서 남편이 여기 룩셈부르크에서 일하고 있어요. 그게 무슨 말인가요?"

"아, 그렇군요. 미안해요. 기혼자군요. 그럼 본국이 아니라 박승은 씨가 독일어를 할 줄 아니까 근교 프랑크푸르트에 가서 일하는 것도 생각해 봐요. 룩셈부르크는 당분간 재취업이 많이 어려울 거예요. 룩셈부르크는 철강사업과 은행업으로 나라를 키웠기 때문에, 박승은 씨가 일했던 반도체 같은 신기술사업 분야, 특히, 글로벌 회사는 단 한 곳도 없어요."

그날 이 땅을 떠나라고 하던 룩셈부르크 공무원의 말에 얼마나 큰 상처를 입었는지 모른다. 정착하기 위해 온 이 낯선 땅에서 남편을 두고 혼자 나가라니, 웬 날벼락인가!

당시 내가 할 수 있는 유일한 일은 이를 악물고 불어를 배우는 것이었다. 룩셈부르크가 룩셈부르크어, 독일어, 불어를 공용어로 쓰지만, 사실 불어를 알아야만 공문서를 읽을 수 있는 구조였다. 당시 불어학원을 다니면서 재취업을 준비하던 일 년간이 어느 때보다 재미있었던 건, 각국에서 온 친구들(같은 또래의 실업자)을 만난 것이었다. 지금 15년이 지나고 보니, 그때 그 친구들은 룩셈부르크에서 대기업 중역 또는 중소기업 대표가 되어 있다.

그중에 콜롬비아 출신의 라우라는 나처럼 맨땅에 헤딩하기로 룩셈부르크에서 열심히 생활 터전을 일구면서 아마존과 페이팔 같은 대기업에서 일하더니, 최근에 남편이 쿠팡의 파격적인 리쿠르팅으로 중역으로 일하게 되어 아이 셋을 데리고 한국에서 살고 있다. 그리고 그녀는 서울에서 우리 회사 업무도 도와주며 어려운 시절의 인연을 이어가고 있다.

그 후 일 년간 100여 개 회사에 지원했다가 떨어지고 나니, 나중에는 자기소개서와 지원서 작성이 거의 취미 생활처럼 되었다. 우울함을 떠나서 이번에도 떨어진다는 가정을 미리 하고 스트레스를 받지 않으려고 노력했다. 그리고 낙방통지서를 받으면 엑셀에 낙방한 기업 정보를 적어 내려갔다.

그러던 어느 날 다국적 대기업 통신회사 룩셈부르크 본사에 취업이 되었다. 비즈니스 애널리스트(Business Analyst)라는 멋진 직함을 주긴 했는데, 들어가서 보니 팀 어시스턴트(10명 팀원들의 공동 비서)와 비즈니스 애널리스트 두 가지 업무를 동시에 해야만 하는 극한 롤이었다. 아침 9시부터 저녁 9시까지 일을 해도 끝나지 않았고, 동양인이 거의 없던 그때 부서에서 인종 차별까지 당하는 수모도 겪었다.

독일인 여성 영업 매니저는 취업하자마자 나를 비서 부리듯 했다. 그녀는 매일 아침 아주 진한 화장과 향수를 뿌리고 포르쉐 스포츠카를 몰고 다녔다. 나는 출근 때 10년이 넘은 피아트 경차를 타고 다녔는데, 차에서 내리는 나를 힐끗 보며 대놓고 무시하기도 했다. 남편은 자동차는 본인 분수에 맞게 타는 거라며, 당시 우리는 스웨덴 부모님의 폐차 직전의 중고차를 가져와서 타고 있었다.

어느 날 그녀는 내 독일어 발음이 너무 웃긴다며, 자기 독일어 발음을 따라서 해 보라며 팀원들 앞에서 마녀 웃음을 지으며 나를 웃음거리로 만들었다. 그때까지 나는 그 수모를 꾹꾹 참고 있다가 그날 폭발하고 말았다. 아마도 다른 동양계 여직원이었다면 그 상황을 조용히 견뎌 냈을 것이다.

하지만 나는 돈 때문에 그 누구에게도 나의 지존감이나 인격을 낮추는 일은 없어야 한다고 생각했다. 인종 차별을 받아들이면서 비굴하게 살 필요가 없었다. 내 성격과 맞지 않은 대기업의 인종 차별적 조직문화와 불공평한 과도한 업무는 나를 번아웃(burn out) 상태로 만들어 버렸다.

결국 대기업이 원하는 것과 내가 일하고 싶은 것이 전혀 맞지 않는다고 판단하고, 어려운 과정을 거쳐 들어간 해외 다국적 대기업과 작별했다. 그리고 해외 대기업을 퇴사한 것에 대한 스스로의 '부끄러움'으로 주눅이 들어 있었다. 닫힌 문을 너무나 오래 보고 있어서 그 옆에 또 다른 새로운 문이 열리고 있는 것을 전혀 눈치채지 못했다.

점점 설자리를 잃은 나, '엄마'라는 역할 사이에서의 방황

대기업 퇴사 후유증은 꽤 오래갔다. 특히, 인종 차별을 겪고 나서는 다른 곳에 취직하더라도 똑같은 일이 생길 것만 같아 끔찍했다. 남편과 의논을 했다. 당분간 푹 쉬면서 가족을 만드는 것이 낫겠다는 결론을 내렸다. 그래서 2011년에 큰딸 리나, 2013년에 둘째 딸 한나를 얻었다. 처음에는 아이를 그렇게 좋아하지 않아서 내가 과연 엄마 될 자격이 있는지 나 자신을 의심했지만, 모든 자연의 섭리가 그렇듯 가르쳐 주지 않아도 나 또한 모성애가 철철 넘치는 엄마였다.

특히, 해외에서 가족을 만들어 나간다는 건 더욱 의미가 컸다. 든든한 내 편이 더 생기는 느낌이랄까. 반면에 세상과는 점점 더 단절되는 것 같았다. 내가 100번이나 자기소개서와 지원서를 쓰면서 일을 하고 싶어했는데, 이제는 엄마가 되었으니 '나의 일'은 없어도 되는 것인가?

두 번의 출산과 육아를 하면서 종종 악몽을 꾸었다. 내용은 항상 비슷했다. 나는 고등학생이었고, 숙명여고 교복을 입고 시험을 보면서 어려운 수학 문제를 풀다가 꿈에서 깨어나는 악몽이 반복되었다. 꿈에서 깨고 나면 항상 안도의 한숨을 쉬면서 말했다.

"그렇지! 얼마나 다행이야. 그냥 꿈이었어. 내가 정말 싫어했던 수학 정석 문제를 이제는 안 풀어도 되니 얼마나 좋아! 나는 지금 가정주부야. 아이 둘의 엄마라고. 내 앞의 숙제는 정석 풀이가 아니라 리나, 한나에게 어떤 맛있는 밥을 만들어 줄까만 고민하면 된다고! 오늘 한인 아줌마들 티타임이 몇 시더라? 거기서 수다도 떨고, 플레이 데이트는 언제로 잡을까? 남편이 다음 주 출장이라고 했지? 그땐 혼자 힘들 테니 아이들과 좋은 곳에 가서 외식도 하고 그래야겠어."

둘째를 모유 수유하고 지쳐 있던 어느 날, 소파에 앉아 멍하니 천장을 쳐다보다가 문득 내가 좋아하던 초등학교 친구 혜영이가 생각났다. '그 친구는 요즘 어떻게 지낼까?' 외국에서 바쁘게 사느라 까맣게 있고 잊던 친구 생각을 하며 인터넷을 뒤져 보았다. 혜영이가 기자라고 했는데 무슨 방송을 하는지 찾아보니, 주요 경제뉴스채널에서 증권뉴스를 해설하고 있었다.

충격적인 것은 혜영이가 분명히 증권뉴스를 한국어로 하는데, 경제용어가 귀에 잘 들어오지 않았다. 마치 나 혼자 딴 나라 세상에 사는 사람 같았다. 그녀는 모를지도 모르지만, 텔레비전에서 뉴스를 전하고 있는 모습이 초등학교 때 나홀로 동경하던 혜영이어머니 모습과 똑같았다. 순간, 뒤통수를 한 대 맞은 것 같았다. 그리고 누군가가 내 귀에 대고 끊임없이 속삭이고 있었다.

'박승은, 정신 차려! 너 요즘 네 자신에게 너무 소홀한 거 아냐? 너도 얼마 전까지 네가 하고 싶어하던 일이 있었잖아. 전업주부가 되려고 독일까지 와서 그렇게 힘들게 MBA를 했니? 국가적인 손해 아니야? 육아가 인생의 마지막 목적지라면, 중고등학교 때 그렇게 잠도 안 자고 학원 다니면서 왜 공부했어?'

그날부터 나도 뭔가를 시작해야겠다는 마음이 간절했다. 이 생각을 행동으로 옮기게 된 건 책 한 권 덕분이었다. 김미경 씨가 펴낸 《꿈이 있는 아내는 늙지 않는다》는 책이 나의 뒤통수를 내리쳤다. 마지막 책장을 덮고 나니 가슴이 뛰기 시작했다. 취업시장에 다시

나가려면 룩셈부르크 공용어들을 정복해야겠다는 생각도 들었다.

저녁에 남편이 퇴근해서 오면 아이들을 맡겨 놓고 스웨덴어(아이들이 아빠와 소통하는 언어), 불어, 룩셈부르크어 수업을 매일 들으러 다녔다. 아이들도 저녁마다 사라지는 엄마를 나중에 당연하게 받아들였다. 결국 2년쯤 지났을 때 스웨덴어 중급, 불어 중급, 룩셈부르크 국가고시까지 합격하여 더 이상 어학원에 갈 필요가 없게 되었다. 그럼에도 한동안 고등학교 수학 시험을 보는 악몽은 계속되었다.

그 후 내가 경단녀 재취업에 도전했을 때 주변에서 이렇게 말했다.

"경단녀? 하하하하, 무슨 떡 이름이야? 뭘 그렇게 힘들게 살아. 남편 벌어오는 돈으로 편하게 골프장이나 다니지."

"어머, 일을 한다고? 너는 모성애도 없니? 두 아이를 잘 돌보는 게 일이지, 일은 무슨 일이야."

어머니도 아직 엄마 손길이 많이 필요한 아이들에게 집중하지 않고 그런 이상한 생각을 한다며 못마땅해하셨다.

이번에도 주위의 심리적인 지지를 받을 수가 없었다. 특히, 한국 사회에서는 여전히 '워킹맘'을 마치 불쌍한 천덕꾸러기같이 생각한다는 느낌은 나만이 느끼는 것인가? 한국 드라마에 나오는 '사모님'

이란 호칭을 다는 것이, 이 어려운 정글과 같은 회사 생활에서 살아남아 팀장, 부장의 호칭을 다는 것보다 그렇게 값진 것인가? 아이들 학교 보내고, 골프연습장 가고, 맛집 브런치 미팅 하러 가는 사모님의 생활에 '좋아요'를 꾹꾹 눌러야 하는 것인가?

남편이 한국에 갈 때마다 신기해하는 것 중 하나가, 대치동 식당에 점심을 먹으러 갔더니 자기만 남자고 모두 여자들이어서 깜짝 놀랐다는 것이다. 전혀 생각지 못했는데, 그게 현재 대한민국 현실이다.

한번은 딸 하나를 둔, 해외 유학까지 다녀온 전업주부 대학 동기에게 물었다.

"민지야, 너희 딸 이렇게 힘들게 공부해서 나중에 뭐 한다니? 너도 미국 유학 다녀오고, AICPA(미국공인회계사 자격증)도 있고, 육아 시작 전에 대기업에서 일한 경력도 있으니까, 이제 너도 다시 취업하는 거 어때?"

"휴~ 승은아, 너는 해외에 너무 오래 살아서 한국 실정을 정말 몰라. 한국에서 나 같은 경단녀가 어디에 취업하겠니? 유럽처럼 파트타임직도 절대로 쉽지 않아. 그리고 애들 학원 뒷바라지는 누가 하고? 우리 딸도 나중에 시집 잘 가고 중산층 이상으로 살려면

'인서울'은 해야 하는데, 요즘 '인서울'이 얼마나 어려운지 너는 잘 모를 거야."

"인서울이라니?"

"서울 안에 있는 대학에 가는 거 너무 힘들어. 대한민국에서 중산층 이상 살려면 인서울 해야 좋은 배우자를 만날 수 있는 것이 아직까지 국룰이야….."

결국 우리 어머니가 나에게 바라던 그것이 아직도 변함없이 그대로다. 한국을 떠난 지 20년이나 지났는데, 대치동 학원가는 동네 보습학원이 아니라 대기업이 되어 주식시장에 상장하고, 반면 '여권 신장'과 등골 휘는 자녀 '사교육', 이 두 가지는 아직도 변하지 않고 있었다.

하지만 외국에 살면서 20대 초반에 여성 인권 신장을 목도한 나는 생각이 다르다. 우리가 딸들에게 물려주어야 할 것은 '좋은 대학=좋은 남편감'이 목표가 아니라, 딸들이 좋아하는 일을 평생 할 수 있는, 그들이 좋아하는 직업을 갖도록 길을 찾아 주는 것이 아닐까? 인생의 파도가 아무리 몰려와도, 그 파도를 만든 것은 결국 바다이고, 언젠가는 잔잔해지는 그 넓고 아름다운 바다를 무서워하지 않는 법을 가르치는 것이 부모가 해야 하는 일이라고 생각한다. 파도를 피하지 말고 자연스럽게 타면서 윈드서핑 하듯 즐기면서 파도와 함께 넘어가라고….

유럽에 살면서 외국인과 결혼한 한국 여성들을 많이 만났다. 국제결혼을 하고 잘 사는 부부가 있는 반면, 성격 차이로 이혼하는 경우도 많다. 룩셈부르크에 살면서 두 건의 사고가 있었는데, 하나는 젊은 한국 엄마가 외도한 남편과 유치원생 아이를 남겨 두고 홀로 한국행 비행기를 타고 종적을 감춰 버린 것이고, 또 하나는 이혼한 한국 부인이 외국인 남편의 동의 없이 아이들을 한국으로 데리고 간 경우다. 모두 슬픈 사연이 있었겠지만, 결국 아동유기 및 해외 아동납치(헤이그조약)라는 불법을 저지르면서까지 여성들이 고국으로 도피한 이유는 단 하나다. 돈 문제였다!

그녀들이 경제적 자립이 되지 않았기 때문이고, 외국에서 취업하기 쉬운 전문 직종군이 아니었기 때문이다. 언어도 잘 안 되는데 취업은 얼마나 어려울까. 해외에서 이혼한 엄마들은 언어 장벽 때문에 청소부, 가사도우미 같은 몸을 쓰는 일용직만 지원할 수 있다면, 그리고 그 직업이 외국에서 경제적 안전을 보장해 주지 않아 싱글맘으로 아이를 온전하게 키울 수 없는 환경이라면, 누구라도 따뜻한 친정이 있고 말이 통하는, 그래서 몸을 쓰는 직업을 구하지 않아도 되는 고국행을 선택했을 것이다.

한편, 외국인 남편으로부터 정서적 학대를 받으면서도 아이가 성인이 될 때까지 꾹 참고 사는 경우도 있다. 이들은 겉으로는 멀쩡해 보여도 심리상태가 온전할 리 없다. 왜 그들은 그런 상황에서 뛰쳐나오지 못할까? 이것도 결국 경제적 자립, '돈' 때문이다. 해외에서 아이를 키우며 잃어버린 자아를 찾는다는 것은 언어 장벽 때문에 두 배로 힘들다.

우리가 딸들에게 꼭 해 줘야 하는 것은, 그들이 어느 대학을 나오든 어느 배우자를 만나든, 국내에 살든 해외에 살든, 그들이 원하는 일을 마음껏 할 수 있는 환경을 만들어 주고, 그 분야의 '전문가'가 되도록 길을 찾아 주는 것이 아닐까.

나는 두 딸이 사춘기를 지나고 조금 더 크면, 다음과 같은 얘기를 계속 들려주고 싶다. 비록 나는 어머니에게 듣지 못했지만….

"딸아, 인생에서 가장 중요한 건 너 자신이야. 너를 괴롭히고 아프게 하는 누군가가 있다면, 언제든지 그곳을 떠나렴. 새처럼 훨훨. 너는 그럴 만한 가치를 갖고 태어난 소중한 사람이니까. 대신 떠나기 전에 정말로 강해져야 해. 네가 혼자서도 아이를 책임질 수 있는 힘을 키우렴. 그런 자신감을 가지고 너 자신을 사랑해. 배우자에게 의존하지 말고, 그 누구에게도. 그럼 너는 더욱더 행복할 거야. 네 스스로 내릴 수 있는 아주 작은 결정에 대해서도."

실제로 얼마 전 룩셈부르크 다국적 기업에서 일할 때 다른 부서의 상급자였던 분을 10년 만에 만났다. 그렇게 당당하던 커리어우먼의 모습은 온데간데없고, 그녀는 남편 내조와 아이 셋 교육에 모든 시간과 정성을 쏟고 있었다. 10년 동안 본인의 일을 놓은 사이에 세상은 급격히 변했고, 아이들이 자라면서 자존감은 계속 떨어진다고 했다.

그리고 코로나 이후에 정말 오랜만에 일본 고향에 돌아가는 비행기표를 사려고 하니, 아이 셋까지 네 명의 항공료가 5,000유로(한화 550만 원 이상)가 넘는다고 푸념을 했다. 결국 너무 비싸서 이번엔 갈 수가 없다고 해 나는 그녀에게 소리를 지르고 말았다.

"왜요? 당신은 한때 잘나가는 대기업 직장인이었어요. 이제 아이들도 컸으니 다시 일을 하면 어때요? 왜 고향 가는 비행기표 결제를 남편한테 받아야 해요? 당신이 가고 싶으면 가면 되죠."

그녀는 굳은 표정으로 크게 한숨을 쉬었다.

"맞벌이가 아니면 승은 씨 말처럼 쉬운 일이 아니에요. 예전같이 치열하게 일할 자신도 없고. 내가 플로리스트 자격증을 땄는데,

나는 오늘도 유럽으로 출근한다

동네 꽃가게에서 아르바이트를 하는 게 차라리 더 좋아요."

　그러면서 그녀는 갑자기 새로 산 애완견 이야기로 화제를 돌렸다. 강아지가 있으면 장기간 여행을 가는 것뿐만 아니라 회사 생활을 하는 것도 쉽지 않다고. 나는 그 상황이 얼른 이해되지 않았지만, 그녀가 언젠가는 애완견 호텔비와 세 자녀 비행기표를 남편의 동의 없이 마음대로 결제할 수 있기를 바랄 뿐이다.

　오해하지 마시라. 전업주부를 폄하하는 것이 절대로 아니다. 앞에서 말한 미국공인회계사(AICPA) 자격증이 있는 민지는 전업주부로 자기 계발과 재테크도 잘하고 있다. 늘 책을 가까이하고, 경제뉴스도 놓치지 않고, 바쁘게 산다. 요즘에는 미술품 투자와 경매에 관심이 많아서 서로 신진작가 정보를 주고받고 있다. 전업주부 생활에 대만족하는 그녀의 재테크 지식은 오히려 내가 배워야 할 정도다.

　우리 회사에서 사람을 뽑을 때는 '경단녀'와 같이 육아 동굴을 졸업하고 다시 시작하고 싶은 분들을 환영한다. 본인을 중심에 두고 사고하는 MZ세대보다 아이를 키우면서 희생정신을 실천하는 그들의 강렬한 의지가 세월이 지나면서 자연스레 따라오는 능력과 합쳐질 때의 '잠재적 폭발력'을 잘 알고 있기 때문이다.

09

꽃길이 없으면 흙길을 꽃길로 만들어야지!

한국에서도 경단녀의 취업이 간단하지 않은 것처럼 유럽에서도 경단녀가 직장을 구하는 일이 만만치 않다. 나는 두 아이를 봐줄 사람이 없어 아이들을 유아원에 반나절 보내 놓고 파트타임 업무만 구해야 했다.

마침 거의 100번째 지원서를 보낸 한국 중소기술기업이 파트타임으로 유럽 법인을 설립해 줄 사람을 구하고 있었다. 앞에 있었던 한국 중소기업의 급작스런 청산(Liquidaiton) 업무를 진행하면서 한국 기업에 대한 트라우마가 생겨, 유럽의 근로 환경을 존중하지 않는 문화를 어떻게 극복할지 걱정이 되었지만, '밑져야 본전'이라는 생각으로 다시 도전해 보기로 했다.

그리고 룩셈부르크에 유럽 법인을 만들고자 하는 투자자를 만났다. 특이하게도 그는 한국 중소기업 본사 대표(투자자)로 하버드대를 나온 연쇄 창업자 출신의 젊은 CEO였다. 미국에서 공부를 해서인지 전통적인 '라떼는' 대표는 아니었고, 실리적으로 일하는 것만 중시하는 가치관을 갖고 있었다. 그 대표도 어린 두 아들을 키우는 아빠여서 일과 육아의 균형에 대해서도 잘 알고 있었다. 그래서 경단녀의 파트타임 업무 롤에 대해 본사 이사회 승인까지 받아 내어 룩셈부르크에서 경단녀 리셋 버튼을 누르게 되었다. 그러나 들뜬 기분으로 재취업을 한 기쁨도 잠시!

7년간의 공백 기간이 가져다준 결과는 '처참한 자존감 하락'이었다. 유럽 법인을 대표해서 첫 미팅에 참어했을 때, 미팅 내내 사람들이 나만 쳐다보는 것 같고 수군대는 것 같았다. 미팅이 끝나고 누군가 "링크드인(Linkedin) 주소가 어떻게 돼요? 연결할까요?" 하는데, 내가 당당하게 "링크드인 주소는 없는데요. 소셜 미디어를 안 해서요"라고 하니, 상대방 참석자들이 황당하다는 눈빛을 서로 주고받았다.

그러나 계정을 처음 만들던 날, 이력서를 업데이트하면서 증명

사진을 바꾸고, 알고 있던 비즈니스 친구들을 모두 온라인 네트워킹 세계로 연결하던 그날 밤, 무척 설레면서도 잘해야겠다는 생각에 얼마나 긴장했는지 모른다.

그런데 내가 7년간 아이를 키우는 동안 유럽투자은행에서 유럽기관 공무원으로 커리어를 쌓아가고 있던 남편이 신문을 읽으며 한마디했다.

"그러게, 미리미리 했어야지. 그동안 안 하고 뭐했어?"

내가 되묻고 싶다. 대한민국 사회에서 한때 잘나가던 경단녀들이여, 여러분은 자신의 '경력 공백 기간'을 어떻게 설명하고 싶은가? 한 지인이 링크드인을 새롭게 업데이트하면서 이력에 soccer mom[*]이라고 적어 놓아 내가 기겁을 하고 내리라고 한 적이 있다. 특히, 구직을 위한 소셜 미디어를 새롭게 시작한다면 몸매를 과시하는 사진, 경력란에 아이 육아 경력을 쓰지 마시라. 우리의 육아 경력은 아쉽게도 한국이든 유럽이든 동굴 경력으로 치부되니까. 아이

---

[*] 사커 맘(soccer mom)이란 용어는 도시 교외에 사는 중산층 미국 여성으로, 학교에 다니는 아이의 방과후 체육활동에 많은 시간을 투자하는 열성 엄마를 지칭하는 말로 사용된다.

한 명을 온전히 양육하는 것이 세상 그 무엇과도 비교할 수 없는 숭고하고 중요한 일임에도, 남성 중심의 사회에서는 그냥 '동굴 경력(경력 단절) 기간'인 것이다.

7년간의 공백 기간 동안 세상은 70배로 빠르게 바뀌어 있었다. 자신감은 땅끝마을 저 깊은 곳으로 추락해 버려 남들보다 두 배 이상 일해야만 제대로 따라갈 수 있을 것 같았다. 오전 9시에서 오후 1시까지 일하는 파트타임이지만, 아이들을 재우고 나서 다시 컴퓨터를 켜고 일했다. 그리고 자기 계발을 할 수 있는 최신 비즈니스 트렌드와 전략 세미나에 무조건 참석했다. 소셜 미디어로 현재 벤치마킹할 만한 비즈니스계 스타들을 모두 팔로우하며 매일 그들의 얘기에 귀를 기울였다.

여기서 성실캠프(성공과 실패 경험을 나누는 캠프) 세미나에서 알게 된 알토스벤처스(Altos Ventures) 김한준 대표 얘기를 하려고 한다.

경제지를 열심히 읽던 중《매경이코노미》박수호 기자가 진행하는 '성실캠프'라는 모임이 페이스북에 올라왔다. 엄청난 실패를 딛고 성공한 경영인들을 초대해서 그들의 이야기를 듣는 모임이었다.

마침 한국 출장 시기와 김한준 대표의 강연 날짜가 맞았다.

그는 열한 살 때 미국으로 이민 간 한국계 미국인이었다. 대개 아메리칸 드림이 그렇듯, 그의 부모님은 시카고에서 세탁소 일을 하셨고, 그는 특이하게도 미국 육군사관학교(웨스트포인트)에서 복무를 마친 후 스탠퍼드대학에서 MBA를 하고, 1996년 알토스벤처스를 창업하였다.

그는 '미국 자본'을 끌어다가 한국의 신생 IT 스타트업에 초기 투자했다. 한국 국민이면 다 아는 우아한형제들(배달의민족), 하이퍼커넥트는 수조 원에 해외 기업에 인수되고, 그 유명한 쿠팡은 미국 나스닥에 상장되어 세계 투자자들을 놀라게 했다. 2023년 한국 창업자들이 가장 투자받고 싶어하는 벤처캐피탈(VC)이 바로 알토스벤처스였다.

조선일보와 진행한 최근 인터뷰를 보니, 그는 알토스벤처스를 창업할 때 하이테크 기술도 전혀 모르고 더군다나 투자에도 관심이 없었다고 한다. 그뿐 아니라 IMF 외환 위기로 미국에서는 엄청난 투자 손실을 보기까지 했다. 설상가상 한국에서의 첫 투자도 실패하는 등 '실패의 연속'이었는데, 바로 그때 크래프톤 창업자의 소개를 받아, 그가 350억 원에 엑시트(exit)*한 후에 투자를 배우고 싫어한 것이 계기가 되었다니…. 현재의 성공 뒤에는 우리가 모르는 실패의 경험들이 항상 존재한다.

금수저로 태어난 투자자가 아니라 자수성가한 투자자로 모국의 경제에 기여하는, 그야말로 '흙길을 꽃길로 만드는 경제인'이라 할 수 있다. 그의 소셜 미디어를 팔로우하면, 그는 투자계의 인플루언서답게 때로는 쓴소리도 마다하지 않는다. 미사여구를 사용하지 않고, 담백하고 겸손한 그의 인성이 디지털 사회에서도 느껴진다.

* 엑시트(exit): 투자 후 출구 전략. 투자자 입장에서 자금을 회수하는 방안.

10

두려움과 설렘으로 시작한 룩스코(LUXKO)

현재 내가 하고 있는 일은 한국 기업인들의 유럽 시장 진출을 돕는 것이다. 그래서 유럽에 장기 출장 오는 분들을 많이 만나는데, 그들은 3~4일쯤 지나면 국물 음식, 특히, 라면을 먹고 싶어한다. 그리고 호텔보다는 작은 부엌이 딸린 비즈니스 에어비앤비를 선호하는 실용적인 신세대 CEO들이 많다.

2016년 가을, 한국에서 출장 온 두 대표와 함께 시내에 있는 에어비앤비 주인을 만났다. 그때 내가 미리 음료수를 준비해 놓는 것을 본 주인이 대뜸 이렇게 물었다.

"당신, 혹시 대학은 나왔나요?"

"네? 갑자기 그런 걸 왜 물어보시죠?"

"아, 방금 슈퍼마켓에서 사 온 음료수를 출장자들이 오기 전에 냉장고에 넣는 걸 보니까, 도대체 대학 나온 여자가 이런 일까지 하는가 싶어서요. 하하하하."

그러더니 그녀는 BMW 스포츠카를 타고 휙 사라져 버렸다. 아무 대꾸도 못하고 꿀 먹은 벙어리처럼 한방 얻어맞은 나는 화가 났다. 그러나 지나고 보니 그날은 내 인생의 새로운 챕터를 열게 해 준 '귀인'을 만난 날이었다. 내 인생에 위기가 왔을 때 나에게 용기를 준 사람은 룩셈부르크에서 10년 넘게 교류해 온 친구들도, 서울에 있는 가족도 아닌 그녀, 나의 회계사 N이었다.

그녀는 부동산업으로 룩셈부르크에 빌딩 한 채를 가진 자수성가한 50대 후반의 회계사였다. (나중에 알게 되었는데, 그녀는 나에게 일부러 골탕을 먹이려 작정하고 그런 말을 한 거였다. 그녀가 젊었을 때 남자 상사들의 잔심부름까지 하면서 이를 악물고 일하던 자신의 모습이 오버랩되어 화가 났다는 것이다.)

한 달이 지나도 그녀의 말이 머릿속을 맴돌았고, 그녀가 도대체 어떤 사람인지 궁금했다. 마침 나는 룩셈부르크의 돈만 챙기는 회계사들에 진절머리가 난 상태였다. 초면에 고객인 내게 막말을 퍼부었지만, 그 막말에 뼈가 있었다. 그런 그녀가 궁금해서 나는 우리 회사 회계 업무를 해 줄 수 있는지 비즈니스 미팅을 정식으로 요청했다.

두 번째 만남은 시내 중심가에 있는 그녀의 대저택에서 이루어졌다. 그녀의 회계 사무실과 손님 접견실, 주거공간이 모두 한 건물에 있었다. 초면의 '나쁜 여자' 모습이 아닌, 자수성가한 자신감이 철철 넘치는 멋진 중년 여성의 모습에 감탄했다. 하지만 그녀의 성격은 직선적이고 괴팍하여, 가끔 내가 고객이 맞는지 갑과 을의 관계가 헷갈린 적도 많았다.

몇 년이 지나 조금 가까워지자, 그녀는 자기가 살아온 이야기를 가끔 들려주었다. 젊었을 때 남편 없이 가정을 책임져야 했고, 회계사 자격증을 따 금융권에서 오래 일하다 40대에 독립했다고 한다. 첫해는 고객 모집이 어려웠지만, 시간이 지날수록 그녀의 괴팍하지만 직선적이고 일을 똑 부러지게 하는 매력에 이끌려 고객들이 기하급수적으로 늘어났다고 한다.

그리고 불로소득(passive income)의 중요성을 잘 알고 있는 그녀는 무리를 해서 은행 대출을 받아 룩셈부르크의 원룸들을 계속 사들였다. 다행히 지난 30년간 룩셈부르크의 부동산 가격은 처정부지로 올라, 그녀의 아슬아슬한 투자는 대성공이었다. 65세가 되면서 회계사로는 은퇴했지만 연금과 불로소득으로 풍요로운 노후를 보내고 있다. 가끔 문자를 보내면 어느 날은 그리스 해변에, 또 어떤 날은 런던에 있는 아들집에, 아니면 모나코에서 옛 고객을 만나고 있다는 답장이 온다. 그녀가 룩셈부르크에 있는 날을 맞추기가 어려울 정도다.

내가 룩스코(LUXKO)를 창업(정확하게 말하면 인수)하게 된 계기도 그녀의 직선적인 조언이 없었다면 불가능했다. 2016년 룩셈부르크에 설립한 한국 중소기업은 2018년 프랑스 대기업에 M&A되었다. 그러면서 룩셈부르크 지사는 필요없게 되었는데, 한국 본사 이사회 임원들이 "룩셈부르크 법인을 닫기보다는 박승은 씨가 인수하여 컨설팅사로 창업해 보면 어떻겠느냐"고 나를 설득했다.

"제가 회사를 인수해서 창업가이자 사업가(entrepreneur)가 된다고요?

사업가들을 도와주는 일을 해 왔지만, 내가 직접 회사 창업자이자 대표가 된다니, 스스로 회사를 경영해 보겠다는 생각을 해 본 적이 없었다.

이런 상황에서 도대체 누구와 의논을 할 수 있을까? 부모님은 가장 먼저 뜯어말릴 것이 분명하기에, 남편에게 먼저 의견을 구했으나 단번에 NO였다. 당시 그는 유럽투자은행 리스크 관리부서에서 일하고 있었다. 즉 기업들이 대출을 받을 때 위험 요소를 측정하여 대출 여부를 판단하는 업무였다. 그러니 '나같은 사람'이 법인을 인수하겠다니 말도 안 된다는 것이었다. 사업 경험도 전혀 없고, 이제 막 사회에 재진입한 지 얼마 안 된 사람이 무슨 사업이냐는 것이다.

맞다. 남편의 논리정연한 설명을 듣고 나는 회계사 N에게, 회사를 인수하지 않고 그냥 닫아 버리겠다고 통보했다. 그러자 그녀는 꼭 할 말이 있다면서 남편과 함께 자기 사무실에 들르라고 했다. 며칠 후 찾아간 우리 부부에게 그녀는 밑도끝도없는 질문을 던졌다.

"에릭 씨, 반가워요. 혹시 집 냉장고에 당장 먹을 것이 없나요?"

"(웃으며) 아뇨!"

"그럼, 앞으로 6개월 정도 가족이 굶지 않게 냉장고에 먹을 것을 채워 놓을 수 있는 능력은 되죠?"

"(웃으며) 네…."

"그럼, Semi가 회사를 인수하도록 놔두세요."

"(조금 목소리를 높여) 왜 위험 부담을 감수하면서까지 그렇게 회사

인수를 권하시나요!?"

"에릭 씨는 지금 여기서 잃을 게 뭐가 있다고 생각하죠? 이 회사 인수건은 컨설팅 회사예요. 물건을 구매하거나 잔금을 미리 치러야 하는 리스크가 없어요. 약간의 월 고정운영비는 나가겠지만, 현재 남은 잔고로 6개월은 버틸 수 있어요. 내가 보니까 당신 부인은 일하는 것을 참 좋아하는 사람 같아요. 부인에게 일할 기회를 주세요. 만약 6개월 후에 회사 운영에 차질이 생길 것 같으면, 제가 먼저 연락할게요, 닫으라고. 그때 가서 닫아도 늦지 않아요."

남편은 잠시 생각하다가 이렇게 말했다.

"그럼 6개월 후에 회사 운영에 차질이 생길 것 같으면 꼭 미리 연락해 주세요."

공교롭게도 그날 회사를 정산하려고 한 미팅이 회사를 인수하기로 결정하는 미팅이 되고 말았다. 그리고 한국 본사 이사회 전원 찬성으로 나에게 회사를 가장 좋은 조건으로 인수할 수 있도록 도와주었다. 당시 자신감이 바닥에 있던 나는 과연 6개월 동안 내가 무엇을 할 수 있을까 하는 두려움과 설렘을 동시에 느꼈다. 그것이 LUXKO의 시작이었다.

회계사 N은 바로 이런 내용의 이메일을 보내왔다.

'자, 이제 박승은 씨는 우리 룩셈부르크 법인을 100% 지분으로 단독주주(sole shareholder)로 인수합니다. 인수하기 전에 '당신 회사의 새 이름'을 지어서 알려 주셔야 합니다. 룩셈부르크 상공회의소 리스트를 통해 귀사 이름이 다른 회사 이름들과 겹치지 않는 새로운 이름이어야 해요.'

그때 10분 정도 고민을 했다. 6개월 만에 끝날지도 모르지만 의미 없이 대충 짓고 싶진 않았다. 먼저 룩셈부르크와 한국 간의 일을 하는 컨설팅 회사니까 Luxembourg의 LU와 Korea의 KO, 그리고 두 나라를 곱하면 시너지가 난다는 의미에서 LUxKO(룩스코)라고 정했다. 그리고 2018년 6월 14일, 나의 세 번째 아이가 된 LUXKO라는 회사가 룩셈부르크에서 탄생했다.

룩스코 사무실에서 일을 하고 있는 필자

11

배신과 이별이 가져다준 고통과 성장의 기회들

최근에 가장 신나게 읽은 책은 '밀라논나'로 유명한 정명숙 선생님의 《햇빛은 찬란하고 인생은 귀하니까요》다. 한국 여성 최초로 이탈리아 밀라노에서 유학하고 사업을 한 그분이 너무 바빠서 유아기 자녀들을 제대로 돌보지 못했다고 자책하는 부분에서 마음이 아팠다.

이 책에서 가장 마음에 드는 그분의 비디오 클립(video clip)은, "여러분에게 잘못한 친구, 미운 친구가 있으세요? 그럴 때 마음껏, 아주 마음껏 미워하세요. 그리고 훌훌 털어 버리세요. 그런 사람 미워하느라 당신 인생의 에너지를 쓰는 게 아깝잖아요?" 한 것이다.

그분이 사업을 할 때 친구라고 생각했던 사람들을 도와 주었는데 오히려 나중에 뒤통수를 맞고 본인이 더 힘들어졌다는 부분에서 나는 피식 웃음이 나왔다. 그래, 친구, 인간관계의 배신, 이런 건 사업을 하면 그냥 따라오는 자연스러운 보너스 선물 같은 것임을 이제서야 비로소 알게 되었다.

사업을 막 시작한 이들에게 꼭 들려주고 싶은 이야기가 있다. 좋은 사업 아이디어가 있는가? 그럼 절대로 주위에 얘기하고 다니지 마라. 지금 힘들고 자신이 없어서 친한 친구나 지인과 동업하고 싶은가? 그럼 그들을 끌어들이기 전에 계약서부터 확실하게 써라. 믿고 그냥 선의로 도와 주었는데 뒤통수를 맞았다고? 그건 100% 당신의 잘못이다. 그 누구의 잘못이 아닌, 아무나 믿은 바보 같은 바로 당신 잘못이다.

나도 그 바보 중 한 사람이었다. 처음에는 어떻게 해야 할지 아무 생각도 나지 않았다. 해외에서 의지하고 믿었던 사람이 하루 아침에 등을 돌릴 수 있다는 것, 또한 그런 '관계의 뒤틀림'이 주위 사람들을 교란시켜 한 사람을 투명인간으로 만들어 버렸을 때, 이런 상황을 만든 내게 너무나 화가 났다. 내 마음을 어떻게 다스려야 할지, 그 어느 책에서도 학교에서도 배운 적이 없었다.

처음에는 술에 의존하다가 어느 날 갑자기 나쁜 생각으로 베란다에 걸터앉기도 했다. 매일매일 마음속에 홧덩어리를 품고 있었다. 그래도 타국에서 어렵게 만난 소중한 친구라고 생각한 사람들을 하나둘 떠나 보내면서 인간관계가 자연스럽게 정리되었다.

그러고 나니 이 모든 상황이 내게 미친듯이 일만 하도록 만들었다. 술도 멀리하고 일과 가정에 집중했다. 아이들이 학교에 가 있는 동안 일하고, 아이들을 픽업해서 저녁 먹고 잠자리에 들기까지 엄마 역할을 하고, 저녁 8시부터는 다시 컴퓨터 앞으로 출근했다. 유럽과 한국의 시차가 오히려 반가울 정도였다. 유럽 시간으로 저녁에 일을 할 수 있다는 것이 아이 양육과 회사를 운영하는 데 큰 도움이 되었다. 하지만 워라밸은 아니었다. 일-일-일의 연속으로 사실 직장인의 두 배로 일을 했다.

인간관계를 정리하면서, 특히 친구의 정의에 대해 많은 생각을 했다. 이 일이 있기 전엔, 친구란 자주 만나 맛있는 것을 먹으면서 일상사와 속이야기를 나눌 수 있는 사람이라고 믿었다. 하지만 맛있는 걸 먹으면서 '동상이몽'을 하고 있다면, 그리고 만날 때마다 남편

욕, 시부모와의 갈등, 아이 자랑, 남에 대한 뒷담화가 무한반복 재생
된다면, 이 만남은 '불평불만, 서로 하고 싶은 말 대잔치, 감정 해소
쓰레기 창고' 같은 것이다. 좀 더 나은 미래에 대해 걱정하고 서로
격려하면서 긍정적인 대화가 오가지 않는다면, 이 모임은 과연 우정
으로 뭉쳐진 것일까? 아니면 타국에서 서로 외로움을 달래주는 그
저 시간을 아름답게 함께 죽이는 사교 모임일 뿐이지 않을까.

어려운 일을 당하고 시간이 지나면서 진짜 친구들이 수면 위로
천천히 올라왔다. 그들은 일의 잘잘못을 따지기 전에 가장 먼저
내가 괜찮은지 걱정해 주었다. 그리고 내 얘기를 들어주는 '귀'와
기댈 수 있는 '어깨'를 내주었다. 마지막에는 손을 꼭 잡아 주고 내
가 펑펑 울 수 있는 '품'을 내주었다. 더 이상 울 수 없을 때쯤에는
앞으로의 '희망'에 대한 이야기를 해 주었다. "시간이 지나면 언젠
가는 다 잘 될 거라고, 지금은 너무 힘들지만 힘내라고." 그날 이
후 평생 빚을 진 고마운 친구들을 내 마음속 보석함에 고이 모셔
두고 있다.

반면, 가장 어려울 때 한 번도 안부를 물어오지 않은 무리들, 심
지어 내 도움이 필요할 때만 연락하는 사람들은 인간관계 대차대조
표에서 하나둘 삭제해 버렸다. 10년 넘게 교제한 시간이 허무하고,

결국 오리털보다 더 가벼운 '본인의 이해관계에 따라 움직이는 가벼운 무게감'에 대해 많은 생각을 하게 되었다.

특히, 외국에서 사는 사람들이면 겪어 봤을, 아무 연락도 없다가 본인이 필요할 때만 느닷없이 반가운 목소리로 찾는 사람, 한번 테스트해 보라. 그런 사람과의 카톡을 소리 없이 삭제해 버리면 누가 정말 불편하고 안달이 나는지. Giver일지 Taker일지.

지금 외롭다고 아무나 곁에 두지 마라. 그것이 상상을 초월하는 재앙으로 닥칠 때 비로소 이 말을 이해한다면, 아쉽게도 너무 많은 것을 잃은 후가 될 것이다. 내게 새로운 '친구'의 정의는 만난 시간이 아니라 같은 이상을 갖고, 지나간 과거가 아닌 현재와 미래를 얘기하는 사람이다. 특히, fair-weather friend(좋을 때만 친구)가 아닌, friend in need(어려울 때의 친구)가 진짜 진정한 친구라고 생각한다.

프랑스 남부에서 영화에나 나올 멋진 은퇴 생활을 즐기는 50대 후반의 전직 은행원 재클린 언니, 여성 경영인 멘토인 회계사 N은 60대 중반이지만 그들과 삶의 희로애락과 생산적인 계획들을 이야기하다 보면, 나이 차이는 전혀 중요하지 않다는 것을 느낀다.

그들에게 공통점이 있다면, 그들도 인생에서 무척 황량한 들판에서 있던 시기가 있었고, 그 누구의 도움 없이 젊었을 때 열심히 씨를 뿌려 인생 후반전에 아름다운 시니어 라이프를 수확하고 즐기고 있다는 것. 어려웠던 과거 경험들을 오히려 지렛대 삼아, 남들이 가지 못하는 저 높은 곳으로 훌쩍 뛰어넘은 그들에게 늘 많은 지혜를 배운다.

당신 주위에 이런 닮고 싶은 사람이 있는가? 우리에게 특히, 여성에게는 그런 롤 모델이 꼭 필요하다.

외국에서 살면서 다양한 한국 여성들을 만나는데, 세대별로 확연한 차이가 있다. 본인은 특정한 직업이 없고 남편의 사회적 위치로 상대방과의 서열을 정하려는 경우, 국제결혼한 옛 세대들은 당연히 한국 국적을 버리고 마담 누구누구로 불리는 경우가 있다. 대부분 좋은 분들이지만, 어쩌다 남편의 사회적 지위를 마치 자신의 것으로 착각하고 유학이나 이민 온 젊은 사람들에게 예의에 어긋나는 행동을 하는 어이없는 경우도 더러 보았다.

혹은 인스타그램에 일기를 쓰듯 아이 사진과 일상을 매일 올리며 인스타그램 친구들과의 관계가 현실 세계의 지인 관계보다 더욱 중요한 주부, 한인 교민사회와의 관계 형성이 조심스러워 일부러 외국인 친구들과 교류하는 사람도 있다. 이들은 각자 해외에서 살아남기 위해 고군분투하며 본인이 가장 행복한 방법을 모색하고 있을 뿐, 어느 누구의 생활 방식이 옳고 옳지 않은 것은 아닌 것 같다.

전화 한 통의 위로, 떠난 자리는 새로운 인연으로

룩셈부르크에서 사업을 시작하면서 뒤틀어진 인간관계로 너무나 힘들어하던 때였다. 사람 만나는 것을 좋아하는 내가 '대인관계 기피증'의 신호까지 보였다. 하지만 사람에게 받은 상처에서 벗어나는 방법은 새로운 사람들을 만나는 것이었다.

그때 네트워킹 모임에서 내가 곤경에 처한 것을 알아챈 누군가가 비즈니스를 협의할 만한 사람을 소개해 주겠다며, 그 사람이 내게 먼저 전화를 할 거라고 했다. 그날 오전에도 홀로 LUXKO의 앞날을 걱정하며 축 처져 있었다. 그때 낯선 전화벨이 울렸다.

"Hi, This is Michael, How are you?"

그 순간 전화를 건 사람이 바로 스카이프 마피아 군단의 '마이클'

이란 것을 알고 깜짝 놀랐다. MZ세대가 아니라면 인터넷 전화 스카이프를 한 번쯤 사용해 봤을 것이다. 요즘처럼 카카오톡이 나오지 않았을 때는 스카이프가 국제전화를 대신했던 적이 있었다.

마이클은 룩셈부르크의 스타트업인 스카이프 창업 초기에 지분을 받은 운 좋은 COO였다. 그리고 스카이프를 매각한 후 엄청난 부와 명예를 얻어 승승장구하며 룩셈부르크와 유럽 투자계에 이미 공인이었다. 그는 맹그루브 캐피탈 대표로 투자펀드를 운영하면서 기술 기반의 스타트업에 투자를 집행하는 역할을 했다. 그후 AXA보험 사외이사와 VOLVO를 스웨덴 증권거래소에 상장하기까지, 다국적 대기업의 사외이사진으로 룩셈부르크를 넘어 유럽 전체에서 금융, ICT, 심지어는 블록체인 스타트업들의 초기 투자자나 고문 역할을 하기도 했다.

그랬기에 어느 날 걸려온 전화 한 통은 '아직 모든 게 끝난 것이 아니고, 어쩌면 내가 지나고 있는 깜깜한 터널의 언저리에 도착했음을, 고약한 인연을 정리하고 거기에 좋은 인연이 들어올 자리를 마련하고 있었다'는 것을 한참 후에 자각하게 되었다.

마이클의 역할은 유럽 시장에 진출하기 원하는 한국 기업이 유럽 시장에서 성장 가능성이 있는지를 투자자의 직감으로 판단해 주었고,

그 회사가 충분한 가능성이 있는 스타트업이라 판단되면 회사 초창기에 소액주주가 되어 나에게 힘을 실어 주었다. 하지만 너무 까다로워서 그는 아무 기업이나 만나주지 않았고, 아무나 만나줄 만큼 한가하지도 않았다. 그는 유럽 내 대도시에 집이 있어 업무에 따라 각각의 도시에 머물렀다.

어느 날 여름 스웨덴 시댁에서 덴마크를 향해 운전을 하고 있는데, 마이클이 우리 가족을 그의 덴마크 여름 별장으로 초대했다. 남편은 깊고 깊은 산속으로 차를 몰아가는 GPS를 보면서 주소가 맞는지 계속 물어봤다. 그리고 드디어 그의 여름 별장에 도착했을 때, 나는 열두 살 때 K이모의 대저택에 갔을 때의 전율을 중년 여성이 되어 다시 한번 느꼈다. 그때와 다른 점이 있다면, 중년이 된 나는 마이클처럼 자산가는 아니지만 자신감 넘치는 여성으로 서 있었다.

영화에서나 보던 커다란 회전문을 지나 호수에 둘러싸인 빌라의 층고 높은 거실에는 덴마크 현대미술 작가로 활동 중인 그의 딸의 멋진 그림들이 걸려 있었다. 마이클은 성공한 기업인들이 그렇듯, 하얀 셔츠에 청바지 차림으로 우리를 맞아 주었다.

테라스에서 식사를 하고 나서 갑자기 그의 홈오피스(서재)가 궁금

나는 오늘도 유럽으로 출근한다

했다. 서재를 구경해도 되는지 조심스레 물어보니, 흔쾌히 안내해 주었다. 태어나서 그렇게 스펙터클한 서재는 처음 보았다. 대형 컴퓨터 4개가 연결된 마치 트레이딩 룸 같았는데 앞쪽엔 호수, 그리고 그 호수로 나가서 배를 탈 수 있는 통로, 그것이 끝이 아니었다. 지하에는 호텔급 수영장이 있고, 큰 스크린 앞에서 뉴스를 시청하며 조깅을 할 수 있는 워킹 머신과 사우나까지 완벽했다. 우리가 늘 듣는 성공한 사람들은 체력 관리를 잘한다는 말이 틀리지 않음을 실감했다.

마이클의 홈오피스를 방문하고 새롭게 결심한 것이 하나 있다. 나도 나이가 좀 더 들면 집에서 가장 비중 있는 공간에 홈오피스를 멋지게 꾸며 놓고, 하고 싶은 일을 장소의 구애 없이 하고 싶다. 남에게 보여 주는 것(옷차림, 장신구)에 신경 쓰지 않고, 하고 싶은 일을 재미있게 할 수 있는 공간을 마련해 진정으로 여유 있는 삶을 살겠다고…. 우리 딸들이 결혼할 때는 '화장대'가 아니라, 은퇴 때까지 튼튼하게 사용할 수 있는 멋진 '책상'을 선물할 것이라는 다짐을 했다.

12
—
유럽인이 생각하는 아시아 여성?

    스웨덴은 6월 마지막 주 금요일에 여름 중 낮이 가장 긴 미드섬머* 축하 파티를 연다. 회사를 창업하고 나서 스웨덴 학부모가 준비한 미드섬머 파티에 처음 초대되어 그날 좀 들떠 있었다. 우리를 초대한 집주인은 나름 성공한 스웨덴 기업인으로 한창 투자 유치를 잘 받아서 기분이 매우 좋아 보였다.

    그때 덩달아 기분이 좋아진 게스트들은 정원에 앉아서 노래를

---

* 미드섬머(midsummer)는 겨울이 긴 스웨덴에서 1950년대부터 6월 19일과 25일 사이에 있는 금요일에 성대하게 열리는 하지 축제다. 이날에는 정부가 운영하는 국영 주류점인 시스템볼라겟(systembolaget)을 통해 엄청난 주류기 소비된다.

흥얼거리기까지 했고, 나는 집주인 부부와 함께 부엌에 앉아 있었다. 그런데 술에 취한 집주인이 대뜸, "Semi, 나 옛날에 일 때문에 한국에 자주 출장 갔었어! 한국 너무 좋더라. 근데 가장 좋았던 게 뭔 줄 알아?" 하고 말했다.

나도 기분이 좋아서, "당연하지, 한국 음식! 한국 음식 정말 먹고 싶지?" 하고 대답했다.

그런데 그가 갑자기 배꼽을 잡더니,

"하하하하하, 아니 아니야, 더 좋은 것이 있는데?"

"한국 음식보다 더 좋은 것?"

"응, 한국 여자! 한국 여자들은 기가 막히게 하더라고."

"응? 뭐?"

나는 순간 당황해서 이 스웨덴 남자가 무슨 말을 하려는지 움찔하고 있었다.

그는 자기 부인을 바라보며, "여보, 내가 얘기했지? 한국 술집 여자들이 그 야한 립서비스를 그렇게 잘하더라고. 하하하하! 한국 사람들이 외국인 고객에게 비즈니스 접대를 경쟁적으로 해 준다는데, 그런 서비스를 받는지 몰랐어! 한국 여자들 서비스 정신 최고야!! 하하하하. 아참 Semi, 우리집 근처에 집 지을 땅을 샀다고?

무슨 돈으로 룩셈부르크의 비싼 땅을 산 거야? 당신 혹시 그 땅주인과 뭐라도 한 거야? 하하하!!"

나는 내 귀를 의심하면서 당황한 표정으로 그의 부인을 바라보았다. 그러자 음식 준비를 하느라 술을 단 한 방울도 마시지 않은 그녀는 못 들은 척, 마치 다람쥐가 도망치듯 정원으로 달아났다. 나는 마당에 있는 남편에게 가서 빨리 이 자리를 벗어나자고 했다. 그리고 돌아오면서 온몸을 부들부들 떨며 소리를 지르면서 말했다. 남편은 집에 가서 얘기하자며 나를 달랬다.

하지만 이 인종 차별적인 성희롱에 대한 분노는 쉽게 가라앉지 않았다. 다음날 아침까지 눈물이 멈추지 않았다. 그 남자의 저질스런 만행을 듣고도 모른 척 황급히 달아난 스웨덴 부인, 그리고 이런 상황을 수수방관하고 있는 남편을 한없이 원망했다.

"왜 지금 당장 나를 도와 주지 않아? 내가 그런 놈한테 성희롱과 인종 차별을 당했는데 왜 도와 주지 않아? 당신, 나를 정말 사랑하기는 하는 거야? 당신이 한국 남자였다면, 어젯밤 사람들이 있는 데서 경찰을 불렀거나, 그놈을 내 눈앞에서 때려눕혔을 거야!"

그런데 남편은 아주 침착하게 이렇게 말했다.

"승은, 거기에 있는 사람들은 우리 아이들 친구 부모들이야. 우리가 일을 크게 벌이면 아이들이 상처를 받잖아. 내가 다 생각이 있으니까 오늘 퇴근시간까지 조금만 더 참고 기다려. 화를 낸다고 되는 것은 없어."

그리고 퇴근시간 무렵 나에게 조용히 나오라고 하더니 곧 전화를 걸었다.

"피터(가명), 당신 어제 내 한국인 아내한테 이런 인종 차별적이고 성폭력적인 말을 했어요. 기억나요?"

"부정 안 해요. 입이 열 개라도 할 말이 없어요. 내가 너무 취해서 농담 수위를 조절하지 못하고 그만 말실수를 했어요."

"피터, 내 생각에 당신은 알코올중독자예요. 내 말 알아들어요? 알·콜·중·독·자! 당신은 매일 마시는 것 같은데, 내가 조언할게요. 당장 병원에 가서 치료해요. 이게 내가 당신에게 하는 마지막 조언이에요."

남편의 짧지만 강한 메시지는 그날 그 집안의 허리케인이 되었고, 그 후 그들은 우리 부부와 아이들을 똑바로 바라보지 못했다. 그리고 자녀 중 한 명이 학교 폭력과 왕따로 힘들어한다는 소문이 들리더니, 우리집 건물이 완공된 그해 그들은 스웨덴으로 이사를 가버렸다.

그 집 근처에 짓고 있던 우리집(그 스웨덴 학부모가 내가 몸을 팔아서 땅을 샀는지 의심했던)이 완공되었다. 양가 부모님 도움 없이 우리가 열심히 일해서 모은 돈과 은행 융자를 받아 지은 우리 생애 첫 번째 집이었다. 우리 부부와 아이들은 입주하는 날 부둥켜안고 울다 웃다 했다. 집이 지어지는 3년 동안 내가 작은 사업가가 된 것을 질투하고 모함하는 사람들을 모두 떠나보내고, 우리 가족은 새집에서 다시 새출발을 했다. 그리고 그때 결심한 것이 있다.

'아시아 여성으로 해외에서 사업가가 되어 돈을 번다는 것, 그것도 비즈니스 컨설팅을 하려면 정말 제대로 해야겠구나. 우리 아이들한테 부끄럽지 않게, 엄마가 하는 일을 항상 자랑스럽게 말할 수 있게.'

그날 미드섬머 사건 이후 한 가지 변한 게 있다. 더 이상 '착한 아시아 여자 혹은 맛있는 음식을 해서 초대하는 친절한 아시아 여자' 롤을 벗어던졌다. 그리고 정반대 행동을 하기 시작했다. 어느 프랑스 학부모가 "한국분이시네요. 와, 맛있는 한국 음식 잘하시겠군요. 김치, 김치 만들 줄 알아요?" 그럼 나는 "아, 저는 비즈니스 출장을 다니느라 김치 만들 시간이 없어요. 미슐랭 레스토랑급 한식당이 파리에 있어요. 주소 찍어서 보내 드릴게요. 한번 가서 드셔 보세요. 좀 비싸지만….”

그리고 아직 친하지 않은 외국 지인들이 오면 손이 많이 가는 한식을 준비하지 않았다. (그들 중 50%가 본인 집에는 절대로 초대하지 않는다는 것을 파악하면서부터다.) 유럽 사람들이 스파게티와 샐러드 같은 간단한 음식을 내놓는 것처럼, 나도 똑같이 접대하는 경우가 많아졌다. 진정한 친구라면 한식 밥을 먹으려고 우리집에 놀러오지 않는다는 것을 알기 때문에. 하지만 우정이 깊어져 우리집에 오는 횟수가 많은 친구들에게는 당연히 정성스럽게 한국 음식을 준비한다.

아이들 학교 학부모회의가 있는 날은 일부러 강하게 보이려고 눈화장을 좀 진하게 한다. 그리고 무슨 일이든 봉사하겠다고 나서지 않는다. “내가 스웨덴어를 못하니 너희가 나를 위해서라도 영어로 말해야지” 하고 도도하게 보이기 시작했다. 그러자 다들 슬슬 나를 어려워하기 시작했다. 웃프지만 작전 성공!

13

룩셈부르크 한글학교가 설립되기까지

2023년 9월 9일 룩셈부르크 한글학교 개학식 날이었다. 나와 남편은 한글학교에 새로 등록한 다섯 살 한인 입양 남자아이 양부모를 복도에서 초조하게 기다리고 있었다. 세 살 때 룩셈부르크에 입양된 아이가 다섯 살이 되어서도 한국말을 잊지 않아 한국어를 계속 가르치고 싶어서 룩셈부르크 어머니가 직접 등록을 했기 때문이다.

남편이 스웨덴에 입양된 1983년에는 한국어 교육을 받을 곳이 단 한 곳도 없었다. 그런데 요즘 유럽의 대도시뿐만 아니라 종소도시에도 한글학교와 세종학당이 꼭 있다. 이렇게 대한민국이 서진

국이 된 현재에도 여전히 해외 입양이 이루어지고 있다니, 도무지 믿어지지 않는다.

그 양부모는 아들이 아직도 버려질 것(abandon)에 대한 두려움으로, 한글학교 같은 반에 룩셈부르크 누나가 함께 다니는 조건으로 입학을 신청했다. 두 살에 입양된 남편은 그 남자아이가 느끼는 버려짐의 두려움을 알고 있었다. 룩셈부르크 양부모는 본인들이 한국 드라마와 음식을 좋아해 아이들과 함께 드라마도 보고 한국 음식도 같이 만들어 먹는다며, 한국어도 다같이 계속 배울 거라고 했다.

만감이 교차했다. 그날따라 페북 지인들은 '프리즈 서울 2023'의 세계적인 예술작품 사진들을 앞다퉈 포스팅하는 중이었기 때문이다. 짧은 기간에 갑자기 부자가 된 대한민국. 세계적인 저출산율을 기록하면서 소중한 생명들을 여전히 해외로 보내고 있는데, 해외 입양에 대해서는 누구도 관심을 갖지 않는다. 핏줄과 혈통이 중요한 나라에서 입양(Adoption) 문화란 여전히 정착되기 어려운 먼 나라 얘기일까?

비영리단체인 룩셈부르크 한글학교를 만들게 된 계기는, 스웨덴 입양인 남편과 룩셈부르크에서 태어난 두 딸에게 제대로 된 한글 교육이 절실하게 필요했기 때문이다. 룩셈부르크 외곽에 한인교회 주일 한글학교가 있었지만, 한국 교민 중 외국인과 결혼한 다문화 가정에서 종교를 갖지 않은 사람들은 교회 주일 한글학교에 가기를 망설였고, 낙후된 건물도 안정적이지 않았다.

그래서 룩셈부르크에 사는 일본인 친구들에게 물어봤다.

"너희 룩셈부르크 일본학교는 어떻게 운영되니?"

"우리 학교는 룩셈부르크에 진출한 일본 은행들이 경제적으로 지원해 주고 있어. 그리고 3~4년 후에 일본으로 돌아가는 국외 거주자(Expat)가 많아, 룩셈부르크 일본학교는 경쟁률이 높아서 들어가기 어려워. 게다가 일본 교육부에서 현지 선생님을 파견해 일본과 동일한 정규 교육으로 인정받을 만큼 학교 운영이 아주 잘되고 있어."

한글학교를 비영리재단(asbl)으로 만들어야 룩셈부르크 정부의 지원을 정식으로 받을 수 있다는 것도 일본 친구가 알려 주었다. 당시에 룩셈부르크 한글학교는 교회에 소속되어 종교단체로 분류되었기에, 교육기관으로서의 지위가 없었다.

그래서 나는 "룩셈부르크 한글학교 비영리재단을 만들어 봅시다!"

하고, 뜻을 같이할 설립 이사들(founding board member)을 섭외하였고, 네 명의 다문화 가정 어머니들이 모였다. 그들 중 지금도 너무나 고마운 연변 출신 윤염 이사는 룩셈부르크 은행에서 중간관리자로 바쁘게 일하면서도 설립 후 6년 동안 한글학교 운영 전반에 많은 도움을 주었다. (참고로 한글학교 이사는 무보수 봉사직이다.)

"염아, 넌 중국에서 평생 살았는데 어떻게 나보다 한국말을 더 잘하는 것 같아. 그리고 아이들에게도 한국어를 공부시키고…. 정말 대단하다."

"언니, 우리 연변족은 몸은 중국땅에서 살았지만 어렸을 때부터 한국어로 공부하고 한국 책을 읽고 자랐어. 그리고 우리 어머니가 어렸을 때 '연변 한국어어린이도서관' 사서로 일하셨거든. 당시에 한국 출판사에서 책을 기부해 줬어. 나는 엄마를 기다리면서 한국어 동화책을 얼마나 많이 읽었는데. 그게 지금도 이어져 한국책을 주문해서 읽곤 해. 그래서 룩셈부르크 한글학교 설립이 얼마나 중요한지 잘 알기 때문에 언니와 뜻을 같이하는 거야."

하지만 야심차게 시작한 우리의 염원은 아주 긴 어둠의 터널을 먼저 통과해야 했다. 첫 번째 관문은 당시 한인회에서 한글학교 비영리단체 설립(독립된 기관으로서의 분리)을 적극 반대했다. 이유는 주일 한글학교면 충분한데 왜 분리를 해야 하느냐는 거였다. 자칫 한인 지역사회에 여러 잡음이 생길 것이라는 우려였다. 지난 10년 이상 한인교회에서 주일학교로 잘 운영되어 온 한글학교를 없애고 새로운 교육 목적의 기관이 생긴다니, 교인들에게는 더욱더 이해하기 어려운 상황이었다.

이제 와서 말하지만, 그때는 단 한 가지 방법밖에 없었다. 학부모들의 청원서(petition)를 받아, 주 브뤼셀 주재 EU 한국 대사관에 룩셈부르크 한글학교 설립 의지를 강력하게 표시하는 거였다. 나는 청원서를 만들어 뛰어다니면서 사인을 받아냈다. 그 때문에 당시 한인회에서 정말 미움을 많이 받았다.

두 번째 난관은 이사회 설립 구성원 중 남자가 단 한 명도 없는 소위 '외국인과 결혼한 기센 한국 아줌마들'이 모여서 교민사회를 분열시키는 일을 도모한다는 비판이었다. 나는 한글학교 이사로서 어떤 일을 해 나갈 것인지 설명했지만, 당시 지역사회에서 얼마나 비판을 받고 얼마나 많은 눈물을 흘렸는지 모른다.

아뿔싸! 이 잡음은 바다를 건너 한글학교를 도와주던 기업의 후원이 끊기는 사고로까지 이어지고 말았다. 결국 모든 화살은

나는 오늘도 유럽으로 출근한다

이 일을 처음 시작한 나에게로 쏟아졌다. 그런데 신기한 일은 대다수의 고민(젊은 어머니들)이 일본학교와 같이 ISL(International School of Luxembourg)처럼 깨끗하고 안전한 장소에서 아이들을 교육하고 싶어한다는 것이었다. 그래서 모인 '청원서'는 다수결로 통과되었고, 이사회 멤버를 뽑을 때 '나의 포부'를 발표하고 학부모들에 의해 '이사'로 선출되었다. 그렇게 2018년 10월 1일 룩셈부르크 상공회의소에 등록된 '룩셈부르크 한글학교'가 설립되었다.

한글학교 운영이사가 된 이상 당장 한글학교의 재정을 메워야 했다. 누구에게 도움을 청할까 곰곰 생각하다가, 룩셈부르크 명예영사인 쟝 바그너 변호사(룩셈부르크 변호사로 박정희 대통령이 임명한, 아마도 전 세계에서 가장 오래된 명예영사일 것이다.)를 무작정 찾아가 자초지종을 얘기했다. 그는 조용히 듣더니, 2주 후에 룩셈부르크 교육부 앞으로 오라고 했다. 그날 운염 이사와 함께 룩셈부르크 교육부 회의실에 앉자 낯익은 얼굴이 들어왔다. 룩셈부르크 교육부 클로드 마이히(Claude Meisch) 장관이었다. 그에게 왜 룩셈부르크 한글학교 운영이 필요한지 설명하자, 단번에 이렇게 물어봤다.

"우리 룩셈부르크 교육부에서 어떤 지원을 해 주길 바라시나요?"

"저희가 ISL(룩셈부르크 영어국제학교)과 같은 좋은 사립학교를 일본

학교처럼 돈을 내고 빌릴 수 있는 환경이 아니에요. 현재 후원도 끊기고 예산이 없어서 학교를 빌릴 수가 없어요. 클로드 마이히 장관님, 혹시 학교 건물을 빌려주실 수 있으신가요? 토요일에 시내 학교 한 곳을 쓸 수 있게 허락해 주시면 좋겠습니다. 저희 한글학교에 오는 학생들은 취미로 한국어를 배우는 것이 아니라, 집에서 한국어가 꼭 필요한 다문화 가정이 많아요. 저도 스웨덴 입양인 남편과 결혼해서 룩셈부르크에 살고 있는데, 남편은 아이들과 스웨덴어로 말하고, 저는 아이들과 한국어로 소통해요. 그리고 룩셈부르크에 아직도 한국에서 입양되는 아이들이 있어요. 그런 부모님들에게서도 연락이 옵니다."

교육부장관은 몇 분간 내 눈을 가만히 들여다봤다. 그리고 뭔가 고민을 하는 듯하더니 이렇게 말했다.

"그렇군요. 우리 작은 룩셈부르크에 그렇게 한글학교가 필요한지 몰랐어요. 사실 우리 아이들도 한국에서 입양했어요."

나는 내 귀를 의심했다. 내가 잘못 들었나? 아니다. 옆에 앉아 있던 윤염 이사도 내 눈을 동시에 쳐다보았다.

교육부장관은 잠깐 더 생각하더니,

"그래요, 토요일 하루 정도는 저희가 시내 학교를 빌려줄 수 있겠어요. 어느 곳에 있는 학교를 원하나요?"

"고맙습니다! 시내에 주차하기 편한 학교면 좋을 것 같습니다."

"그럼, Robert Schuman(룩셈부르크 최고 인문고등학교)으로 하지
요!"

"감사합니다. 그런데 임대 비용은 얼마나 될까요?"

"무상입니다. 룩셈부르크 한글학교는 정식 비영리단체이고 친교
나 종교가 아닌, 교육 목적의 단체이기 때문에 저희 교육부에서는
임대 비용을 받지 않겠습니다."

윤염 이사와 나는 너무 기뻐서 껴안고 울었다. 룩셈부르크 한글
학교를 만든 '기세고 드센 다문화 가정의 한국 아줌마들'이라는 오
명을 벗을 수 있었기 때문이다. 한글학교를 한인회와 한인교회에
서 분리, 탈퇴시켰다는 오해가 풀리고, 지역사회를 분해시키려는
나쁜 여자들이라는 누명이 벗겨지고, 진정으로 ASBL(association
sans but lucrative, 비영리단체)를 만들어야만 이렇게 정부의 정식 도
움을 받을 수 있다는 것을 증명해 보였다.

이 성공적인 만남을 주선해 준 분은 박정희 대통령이 임명한 세계
최고령 명예영사, 여든 살이 넘은 쟝 바그너 변호사였으니, 이런
훈훈한 일화는 꼭 기억되었으면 한다.

교육부장관의 따뜻한 배려로 해가 갈수록 룩셈부르크 한글학교
는 점점 더 확고하게 입지를 다지게 되었고, 코로나 기간 중에는
영화 '오징어게임'의 인기로 갑자기 외국인 성인 학생들의 입학 문
의가 빗발쳤다. 이때 나는 다시 추진력을 발휘해서 룩셈부르크에
세종학당을 유치해야 성인 외국인들의 한국어 교육이 가능하다는
것을 이사회에 적극 건의하였고, 이번 학부모 총회에서 만장일치
로 통과되었다.

이를 계기로 '한국문화의 집' 비영리단체는 룩셈부르크 한글학교
에서 분리되어 세종학당을 유치하였고, 현재 서울대 언어학과를
졸업하고 미국에서 박사학위를 받은 최 박사님이 잘 운영해 나가
고 있다. 한편, 15세 이하 아이들이 다니는 룩셈부르크 한글학교
는 이화여대에서 교육공학을 전공한 윤 교장선생님이 프랑스 메
츠에서 매주 토요일, 다른 4명의 교사들과 왕복 2시간 넘게 출퇴
근하는 수고로 잘 운영되고 있다. (또 다른 2명의 교사는 인근 독일 트리
어에서 출퇴근하고 있다.)

룩셈부르크 한글학교는 재외동포재단 1/3, 기업 후원 1/3, 룩셈
부르크 경제부 1/3 후원으로 운영되는데, 지난 20년간 룩셈부르크

한글학교가 교회 부속으로 있을 때부터 삼화스틸(고려제강그룹 계열사)에서 매년 후원해 주었다. 이 고마운 선행을 밖에 알리지 않는 것을 나는 항상 기이하게 생각했었다.

그 의문이 풀린 곳은 2022년 11월 룩셈부르크 경제사절단 행사로 방문한 고려제강 부산 본사였다. 그곳에서 고려제강 설립자 고 홍종열 명예회장이 기부한 부산의 명물 'F1963'을 보고 이해했다. 도서관 앞에 '자기 계발은 성실하고 겸손하고 공부하는 생활로 실현하자'라는 글이 쓰여 있었다. 나는 고 홍종열 명예회장의 생활철학이 담긴 이 글귀를 보고 느낀 바가 컸다.

부산 'F1963' 옆에 나란히 있는 고려제강기념관 1층에는 '아름다운 고집, 고려제강 설립자 석천 홍종열 명예회장'의 동상이 있다. 그는 1945년 고려상사를 설립하고 1961년 고려제강소를 건설하면서 스틸 와이어(steel wire, 특수강선) 분야에서 '고려제강그룹'을 세계적인 기업으로 성장시켰다. 와이어는 작은 부품으로 보이지만 우리 생활 속에 없어서는 안 되는 소재다. 피아노, 침대, 자동차, 강과 강을 잇는 다리들까지.

내가 하는 일이 룩셈부르크를 통해 한국 기업의 유럽 시장 진출을 돕는 것이다 보니 좋은 기업가들을 많이 만나는데, 삼화스틸처럼 오랫동안 조용히 선행을 해 온 대기업뿐만 아니라, 코스닥 상장사인 중소기업 (주)컨텍 이성희 대표도 그런 분이다. 이 대표는 2022년 '한국-룩셈부르크 60주년 기념의 해'에 룩셈부르크 한글학교에 1만 유로를 기부하고, 우주과학자로서 해외에 있는 한인 어린이들을 위한 멘토데이 강연도 해 주었다.

한 가지 작은 소망이 있다면, 룩셈부르크에도 브뤼셀 문화원의 한국어 도서관처럼 한국어를 공부하는 외국인과 재외동포 어린이들과 부모들까지 이용할 수 있는 한국어 도서관이 생기는 것이다. 상상해 보라. 룩셈부르크에서 자란 한국의 피를 이어받은 어린이들이 나중에 4개 국어에 능통한 유럽과 한국을 잇는 민간 외교관이 되어 있을 텐데, 이만한 미래 인재 투자가 어디 있겠는가?

20년간 후원해 준 삼화스틸(고려용접봉)의 모기업인 '고려제강그룹'의 부산 키스와이어센터를 방문했을 때, 고려제강그룹과 룩셈부르크 왕가의 인연, 양국 간의 시너지를 보면서 나홀로 가슴 벅찬 감동을 느꼈다. (2022년 룩셈부르크 '기욤 대공세자'가 참여한 경제사절단에 나도 LUXKO 대표로 참가했다.)

2022년 경제사절단 행사의 하이라이트는 'F1963'의 금난새 뮤직

센터에서 금난새 지휘자가 가르치는 젊은 음악인들의 챔버뮤직 연주회였다. 그 후 정성스럽게 준비한 리셉션에서 고 홍종열 명예회장 가족이 모두 나와 룩셈부르크 경제사절단을 따뜻하게 맞아주는 모습을 보고 다시 한번 감동을 받았다.

이 책을 읽는 분들이 부산에 갈 일이 있다면, 이곳 'F1963' 복합문화공간에 꼭 들러보길 추천한다. 거기에는 국제갤러리 부산, 현대모터 스튜디오, yes24 서점이 있고, 4층 '마이클 어반 팜 테이블'이라는 맛집에는 멋진 뷰가 펼쳐진 테라스가 있다.

키스와이어센터 1층에는 '룩셈부르크와 함께한 여정(A Journey with Luxembourg)'이라는 양국 및 양 기업 간의 우정의 역사에 대한 귀한 자료들을 볼 수 있다. 룩셈부르크 왕실과 고 홍종열 명예회장이 1997년 고려제강그룹과 트레필 알베르드사(Trefil Arbed)와 합작투자 및 기술협력 계약 체결 사진부터 룩셈부르크 앙리 대공과 경제사절단의 양산공장 준공식 참석 사진, 1988년 룩셈부르크 쟝 대공의 서울올림픽 참석 사진까지 양국이 협력해 온 중요하고 긴 역사의 발자취를 엿볼 수 있다.

14

유럽에서 20년을 살아보니

2023년 8월 31일 저녁 7시, 파리 중심가의 오페라 지하철역은 엄청난 관광객과 퇴근하는 직장인들이 뒤섞여 무척 붐볐다.

한국에서 온 친구 가족과 파리 에펠탑을 보기 위해 지하철을 갈아탔다. 지옥철이 연상되는 지하철 안, 갑자기 친구 남편이 으악! 하고 소리를 질렀다.

"내 지갑이 없어진 것 같아!"

바닥에는 남자 손지갑이 두 개 떨어져 있고, 그는 바로 본인의 지갑을 집어들면서 현금이 없어졌다고 했다. 낯익은 또 하나의 지갑은 남편 것이었다. 다음 역에 내려 각자 없어진 것을 학인히니,

남편도 현금 500유로를 잃어버렸다. 그리고 갑자기 서늘한 기운이 들면서 내 가방 속에 있던 휴대폰이 없어진 것을 발견하고 다리에 힘이 풀렸다. 사업을 하는 내게는 현금을 소매치기당한 것보다 휴대폰을 잃어버린 것이 더 큰일이었기 때문이다. 얼굴이 창백해지고 눈앞이 하얘졌다.

바로 경찰서로 향했으나, 그들은 이런 사건은 매시간 일어나는 일이라며 귀찮은 듯 시큰둥하게 듣더니, 저녁 6시 퇴근 시간이라며 내일 오전 9시에 다시 오라고 했다. 순간 한국을 생각해 봤다. 한국 경찰서였어도 이렇게 매몰차게 되돌려 보낼까? 그날 잠을 못 자고 한참 뒤척이다가 9월 1일 오전 9시 오페라 쪽 9구역 경찰서를 찾아가니, 서너 시간은 기다려야 한다고 했다. 앞에 있는 외국인 네 사람도 소매치기로 모든 것을 잃어버린 것 같았다.

얼마나 많은 한국인이 파리에서 소매치기를 당했으면, 한국어로 되어 있는 용지를 받았다. 5시간 동안 기다리면서 도난신고서를 작성하는 동안 주 파리 룩셈부르크 대사관에 이럴 때 어떻게 해야 하는지 문의했지만, 전혀 도움이 되지 않았다. 한국의 경찰서였다면 벌써 CCTV를 확인해서 범인들을 찾았을지 모른다. 하지만 유럽은 범죄보다도 개인정보보호법(GDPR)이 더 중요하기 때문에 공공장소에 CCTV가 없다. 그래서 파리에서 소매치기를 당했다면 절대로 찾을 수 없다는 것을 그날 뼈저리게 느꼈다.

얼마전 결혼을 앞둔 한국의 예비신랑이 파리에 혼자 배낭여행을 갔다가 지하철로에서 시체로 발견된 사건이 있었다. 이때 프랑스 경찰은 자살로 종결지었다. 상식적으로 결혼을 앞둔 신랑이 파리 지하철에서 자살할 확률은 얼마나 될까? 당시 여론에서 이상하다고 했는데, 내가 직접 지하철에서 CCTV 카메라 하나 없이 증거를 전혀 찾을 수 없는 일을 당하고 보니, 불현듯 그분의 안타까운 죽음이 조작되었을 수도 있겠다는 생각이 들었다.

범죄자를 도와 주는 유럽의 개인정보법(GDPR)과 CCTV로 모든 범죄자와 증거를 법정에 채택할 수 있는 한국, 어디가 더 안전하다고 생각되는가? 유럽에서 공공장소에 카메라를 설치하는 건 불법(개인정보법 위반)이기 때문에, 한국처럼 언제 어디서든 든든하게 보호받을 거라고 생각하면 큰코다친다. 특히, 유럽에서 홀로 여행한다면, 저녁에 혼자 좁은 골목길을 다니지 말고, 파리 지하철을 탈 때 모든 가방을 앞쪽으로 메고 매순간 긴장해야 한다. 소매치기범들은 현금을 많이 갖고 다니는 동양인을 표적으로 삼으니까!

스웨덴의 피카(Fika), 그리고 전업주부와 외국인 이민자에 대한 차별

스칸디나비아 하면 뭐가 떠오르는가? 양성 평등? 피카? 이케아?

내가 외대 98학번일 때 스칸디나비아어과 학생들과 교양과목을 많이 들었다. 그땐 머나먼 북유럽 사회복지국가 이미지 외에 스웨덴에 대한 정보는 전혀 없었다. 단지 '무덤에서 요람까지' 복지가 너무나 잘 되어 있는 나라로 알고 있었다.

나는 독일에서 공부했으니까, 남편이 입양된 스웨덴 문화에 적응하는 것을 독일이나 스웨덴이나 비슷비슷하겠지 하고 생각했다. 하지만 결혼 후 스웨덴을 자주 방문하고 그 문화 차이를 알게 되면서 나의 무지를 자각하는 데 몇 개월이 채 걸리지 않았다.

몇 년 전 스웨덴 사람들은 아이 친구가 놀러 와도 식사시간에 자기 식구끼리 밥을 먹는다는 밈(meme)이 돌아, 주한 스웨덴 대사관에서 '우리는 손님에게 밥을 안 주는 문화가 아니라, 오후에 빵과 커피를 먹는 피카 문화가 있습니다'라는 웃픈 성명서를 낸 적이 있다. 하지만 남편과 스웨덴 친구들에게 물어보니, 아이 친구의 밥을 챙겨 주지 않는 것은 그 아이가 집에 돌아가서 밥을 먹어야 하는데 미리 먹게 되면, 식사 준비를 해 놓고 기다리는 아이 엄마에게 실례가 되기 때문에 그렇다고 (한국 문화로는 납득이 어려운) 대답했다. 그리고 실제로 본인들도 그런 경우가 있었다고 한다.

　내가 겪은 첫 번째 문화 차이도 스웨덴의 손님 접대 문화였다. 우선, 스웨덴 사람들은 식사 초대를 하면 최소 한두 달 전에 약속을 잡는다. 그리고 식사 초대보다 피카(커피와 쿠키)같이 간단한 티타임(오후 3시경)을 갖는다. 정말 간단하게 먹고 마신다. 밖에서 외식을 할 경우, 저녁식사는 6시에 만나 먹을 정도로 북유럽은 겨울이면 2시부터 깜깜해져 저녁이 짧다. 대신, 해가 뜨는 오전 6시가 되면 스웨덴인들은 이미 일어나 있다. (처음에 결혼해서 야행성인 나와 아침형인 남편과 생체리듬이 맞지 않아 얼마나 싸웠는지!)

　스웨덴의 양성 평등 문화에는 사회주의가 기본적으로 깔려 있다. 여성이 밖에 나가서 일을 안 하는, 즉 집안일만 하는 '전업주부'라는 것이 통용이 안 되는 사회다. 거의 혐오 수준이다. 인간으로 태어났으면 모두 평등하게 일을 해야 하며, 아이 양육은 사회가 보장해 준다는 사회주의 신념이 뿌리깊다. 그래서 육아휴직, 파트타임직, 보육원 등이 보육자의 성별에 상관없이 잘 되어 있는 나라가 바로 스웨덴이다. 그 이유는 스웨덴은 넓은 땅덩어리에 비해

인구가 적기 때문에, 여성의 경제활동이 절대적으로 필요하다.

스웨덴에서 20년간 생활한 한국 지인이 있다. 그녀는 전형적인 가정주부로 아이 양육과 살림을 정말 완벽하게 했는데, 모든 스웨덴 이웃들이 항상 "당신은 왜 좋은 대학을 나와서 일을 안 하고 집에만 있어요?"라는 질문을 하자, 그녀는 40대 중반에 결국 스웨덴 정부에서 운영하는 보육교사로 떠밀리듯 일을 하게 되었다. 즉 스웨덴에서 전업주부를 하려면 아주 큰 강심장이 필요하다. 스웨덴 이웃들의 눈치를 봐야 하니까!

내가 룩셈부르크에서 아이를 키우며 전업주부로 산 7년 동안 스웨덴어 학원을 다녔을 때도 비슷한 경험을 했다. 스웨덴어 선생님은 자기소개 시간에 항상 직업을 물어봤다. 당시 갓난아이를 키우며 집안일을 하고 있던 나는 당당하게 Husfru(스웨덴어로 전업주부)라고 소개했으나, 그건 직업이 아니라며 "당신은 아이 출산 전에 줄곧 직업이 있었고, 지금은 당분간 육아휴직을 하고 있는 중이에요. 그러니 본인이 어떤 일을 해 온 전문가였는지 쓰면 돼요" 하는 게 아닌가.

'전업주부'로 스웨덴어 학원을 다니는 동안 자기소개 시간에 매번 고역이었다. 스웨덴 여자 선생님은 아이 셋을 키우며 유러피안스쿨 초등학교 정교사로 일하는 분이었고, 어른들을 위한 저녁반 스웨덴어 취미 수업은 봉사활동으로 하고 있었다. 스웨덴어 어학 수업은 스웨덴어를 배우는 것 이전에 나의 직업 정체성에 대한 질문을 매시간 끊임없이 되묻고 있었다.

　스웨덴의 '요람에서 무덤까지'라는 말은 개인이 내는 소득세(income tax)가 거의 50%이기 때문에 가능하다. 사회 약자일수록, 몸이 아픈 사람일수록, 정부는 그 개인의 복지를 세금으로 모두 충당한다. 하지만 좋은 면 뒤에 숨겨진 불편한 진실은, 일론 머스크 같은 뛰어난 기업가를 스웨덴에서 배출하기 어렵다는 것이다. 왜냐하면 돈 잘 버는 기업인들은 엄청난 세금을 피해 외국으로 이민 가는 경우가 많기 때문이다. 우리가 잘 아는 스웨덴 이케아 창업가도 스위스에 살고 있다.

　학교에서도 뛰어난 학생에게 "와, 정말 잘한다"라고 칭찬해 주는 엘리트주의가 아니라, 못 따라오는 학생에 맞춰서 하향 평준화를 선호한다. 그렇기 때문에 선행학습이 전혀 필요 없는 나라다. 격려해 주는 것이 아니라 '모든 학생은 평등하고 개개인이 긱지 다르다'는 교육 이념으로 '경쟁은 본인 스스로와 하는 것이지 남과 하는 것이 아니다'라는 교육을 받는다. 그래서 스웨덴 학생들은 직업 교육이든 대학 진학이든 최우선 순위는 남의 눈치를 보는 것이 아니라 본인이 하고 싶은 일을 찾아서 하는 것이다.

2024년 한국 대입 수험생의 목표는 '의과대학 입학'이라고 한다. 외모나 패션만 집단주의 모방이 아니라, 꿈과 직업까지 '집단주의 모방'이라니….

스웨덴 의사 친구의 예를 들어보겠다. 그는 의사직을 아무리 열심히 해도 스웨덴 시골 농부와 임금 차이가 별로 나지 않아 굳이 일을 너무 열심히 할 이유가 없다고 한다. 처음에는 의사의 소득이 농부와 비슷하다는 말을 이해하지 못했는데, 직업의 귀천이 없고, 많이 버는 직업은 그만큼 정부에서 세금을 엄청나게 거두니 별 차이가 없다는 것이다.

스웨덴에서 농부는 최신 기계와 기술을 이용하여 편하게 일하면서 시골 동네 별장까지 관리하는 일을 하고 있다. 이를 위해 정부에서도 엄청난 보조비용을 대주고 있으니, 스웨덴 농부가 진짜 부자란 말은 틀린 말이 아니다. 15년 전과 비교해 스웨덴에서 크게 달라진 것은 아프가니스탄 등 피부색과 종교가 다른 난민들을 엄청 받아들였고, 이들이 3D 직종의 일을 하면서 스웨덴 복지제도를 아주 잘 이용하고 있다는 것이다.

요즘 스웨덴 시골에는 여기가 스웨덴인지, 히잡을 쓴 여성들과 그들이 낳은 아이들로 아랍 국가인지 분간이 안 갈 정도다. 당연히 금발에 파란 눈을 가진 바비인형 같은 스웨덴 여성과 아랍 쪽 남성(남성 중심의 문화)은 일상에서 자주 부딪히기도 하고 인종 차별과 성범죄가 급격히 늘어나고 있다.

룩셈부르크에서 10년간 살다가 남편 직장을 따라 스웨덴 스톡홀름으로 이사 간 친구가 있다. 룩셈부르크와 스웨덴을 비교해 어떠냐고 물어보니, 단번에 스웨덴은 너무 외롭다고 한다. 그 이유는 단일국민인 스웨덴 사람들과 교류하는 게 쉽지 않다고, 특히, 스톡홀름 사람들이 훨씬 차갑다고 한다. 반면, 그녀가 전에 살았던 룩셈부르크는 70%가 외국인이라 유럽의 싱가포르 같은 멜팅팟(melting pot : 인종의 용광로)인데, 스웨덴 스톡홀름은 화려한 쇼핑센터가 있는 대도시인데도 새로운 친구를 사귀기가 어렵다는 것이 이유였다.

또 겨울이면 오후 2시부터 깜깜해지는 기나긴 겨울을 나는 것은 직접 살아보지 않으면 모른다. 그래서 스웨덴이 시스템볼라겟을 만들어 놓은 것은 이런 어두운 날씨에 사람들이 주류를 많이 소비해 알코올중독으로 인한 사회적 범죄를 줄이려는 정부의 노력이다.

동네 펍에서 와인 한 잔에 스웨덴 돈으로 100코로나(knona)면 한화로 15,000을 내야 겨우 마실 수 있으니, 술 한 잔이 얼마나 귀한지. 모든 것이 자유로운 이 민주사회에서 술 마시는 문화를 국가가 간접적으로 통제하다니, 정말 아이러니가 아닐 수 없다.

이런 불편한 문화 속에서도 스웨덴의 가장 큰 장점은 건조하고 시원한 여름과 아름다운 대자연이다. 사람 하나 보이지 않는 시골 별장에 들어가 있으면 처음 하루이틀은 너무 좋다. 여기저기 널린 퍼블릭 골프장의 그린피는 단돈 2만 원. 일 년 회원권이 50만 원 정도인 곳도 있다. 하지만 2주째부터는 한국의 시끌벅적한 맛집, 24시간 편의점, 사람들의 역동적인 에너지가 그리워진다. 과연, 유럽살이는 좋은 것일까?

우리 가족은 매년 여름휴가를 부산 송정 해변이나 기장 쪽에서 보낸다. 복잡한 해운대보다 유럽처럼 조용하기 때문이다. 어느 날

초등학교 다니는 딸들에게 물어봤다. 모나코, 칸 해변이 좋은지, 부산 기장이 좋은지. 아이들은 0.1초의 망설임도 없이 "부산 기장!"이라고 대답했다. 심지어 그곳에 있는 이케아의 스웨덴 음식이 실제 스웨덴 음식보다 훨씬 맛있다고 한다.

오늘도 유럽 여행을 계획 중인 친구들은 부산 여행을 기대하는 우리 가족을 이상하게 생각한다. 아직도 한국이 얼마나 잘사는 나라인지, 정작 한국인들만 모르는 것 같다.

15

'예전의 나'라면 상상할 수 없는 일들

룩셈부르크 비즈니스 컨설팅사 LUXKO 대표로서 내 위치를 잘 찾아가고 있을 때쯤, 나의 한계치를 한 발자국 넘어서는 사건이 있었다.

어느 외국 사업가가 내가 한국 중소기술기업에 투자할 유럽 투자자 네트워크를 계속 찾고 있다는 것을 알고, 어느 날 중요한 여성 투자자를 소개해 줄 테니 룩셈부르크 최대 기술박람회장으로 나오라고 했다. 본인이 개인 투자자면서 유럽의 유력한 재벌가와 긴밀한 관계라고 했기 때문에 그의 말을 철석같이 믿었다.

'아, 오늘 드디어 그 유명한 스웨덴 투자사 여자 회장님이 룩셈

부르크에 오시나?'

말로만 듣던 그분을 만날 생각을 하니 기분이 들떴다.

그런데 박람회장 VIP 미팅룸에 들어서니 호리호리한 모델같이 생긴 20대 초반의 아가씨가 있었다. 설마하며 직업을 물어보았다. 본인은 개인 엔젤투자자라고 하는데, 양팔의 문신이 내 두 눈과 마음을 혼란스럽게 했다. 한눈에 봐도 지나친 옷매무새나 반짝거리는 화장, 현란한 문신은 동유럽 모델업계 출신의 어린 여성이었다.

머리로는 이해가 안 가는 상황이었지만, 소개해 준 사람을 생각해서 그녀를 투자자(부모가 부자여서 돈만 많은 젊은 여자)라고 억지로 믿으면서도 이런 생각이 들었다.

'20대 초반의 대학 졸업장도 없는, (나중에 링크드인으로 찾아보니) 일 경력도 없는 고졸 여성을 투자자라고 내게 소개하다니, 개인 엔젤투자자? 이게 정말 아무나 될 수 있는 건가? MBA 학위까지 있는 나도 한번 도전해 봐?'

어쨌든 '투자자'라는 그 미스터리한 동유럽 여성을 만난 것을 계기로 룩셈부르크 엔젤투자협회(LBAN) 온라인 개인투자 교육을 시작했고, 거기서 룩셈부르크 은행원, 대기업 간부, 패밀리 오피스 등 다양한 분야의 인재들과 코로나 기간 중 온라인 네드워킹을 시작했다.

그리고 LBAN을 통해 알게 된 룩셈부르크 스타트업에 투자하면서 (혹은 한국 스타트업 일을 돕다가 알게 된 유망 스타트업들에까지 실제 개인 투자를 하면서) BA(Business Angel) 투자 영역에 매료되었다. 이후에는 룩셈부르크 어느 VC(Venture Capital) 쪽에서 투자펀드 유치 프로젝트를 도와 달라는 제안을 받았다. 그래서 생각지도 못한 룩셈부르크 소규모 VC 2호 펀드레이징(Fundraising)을 돕는 일까지 업무 분야를 투자로 넓혀 나갔다. 내가 BA(개인 소액투자자)에서 VC 투자사 일에 합류하게 될 줄은 '예전의 나'라면 상상도 못한 일이다.

아산재단 정남이 이사와의 첫 만남, MARU360

코로나가 아직 끝나지 않은 기간에 아산재단이 만든 MARU360 신규 빌딩이 세워졌다. 프랑스 Station F를 연상케 하는 창업자와 투자자들을 연결하는 중요한 허브(Hub)였다. 당시 나는 룩셈부르크 VC 대표에게 아산재단 MARU360의 Global VC floor에 입주하자고 권했다. 국내 스타트업과 투자계에 종사하는 분들은 알겠지만, MARU는 정주영 회장의 기업가정신을 실천하고 확산하는 사람들을 위한 플랫폼으로 아산나눔재단에서 운영하고 있다.

그런데 누가 코로나 때 MARU360에 입주할 생각을 할까? 유럽 VC여서 정남이 이사가 좋게 봐주었는지, 첫 유럽 VC 파트너십으로 Global VC 입주사가 될 수 있었다. 처음 만난 정남이 이사의 수수한 모습을 보고 놀랐다. 키가 큰 그녀는 에코가방을 메고 삼성동 KITA 꼭대기층에서 있었던 협약식에 참석했다. 정주영 창업주 손녀답다고 생각했다.

그리고 아산나눔재단으로부터 정주영 회장의 영어로 된 자서전을 선물받았다. 지금도 그 책은 우리 회사 사무실 정문에 비치해 놓고 힘들 때마다 펼쳐보거나, 중요한 해외 투자자가 왔을 때 자랑 삼아 보여 주고 있다. 정주영 회장의 어록 중 가장 마음에 드는 말씀을 되새겨본다.

"안 된다고 보는 사람이 많을수록 기어코 해내고 말겠다는 결심은 더 굳세어지고, 일이 되도록 하기 위한 노력을 더욱 더 치열하게 할 수밖에 없어진다." (1970년 현대조선소를 구상하면서)

그런데 한참 열심히 펀드자금 조달을 하려는 찰나, VC 대표가 에지

중지하던 블록체인 스타트업이 한국의 악명 높은 크립토 코인 사기사건으로 블록체인 업계 전체가 된서리를 맞았다. 결국 VC 대표는 본인이 투자한 블록체인 스타트업을 살려내는 게 먼저라며, 내가 한참 돕던 VC 투자 펀드레이징 기한을 무기한 연기했다. 펀드 조성이 갑자기 중단되자 한국에서 몰려드는 스타트업들의 빗발치는 투자 문의에 나는 아무것도 할 수 없었고, 결국 일 년이 지나서 계약을 종료하자고 내가 먼저 제안했다.

이렇게 MARU360과의 인연은 내가 그 VC사와 결별하면서 아쉽게도 잠시 쉬고 있지만, 다른 기회에 아산재단의 유럽 일에 도움이 되는 일로 꼭 다시 함께하고 싶은 소망이 있다.

마침 이때 유럽에서 한국계 프랑스 여성 입양인 출신으로 가장 잘나가는 코렐리아캐피탈(Korelya Capital) 대표가 쓴 에세이를 읽으면서 대리만족을 하고 있었다. 다른 한편으로는 펀드레이징 실패에 대한 자책을 많이 했다. 하지만 실패는 성공의 어머니라고, 덕분에 한국의 좋은 LP(Limited Partner) 투자자들을 알게 되었고, 한국과 유럽의 VC업계를 룩셈부르크를 넘어 미국, 런던, 스위스, 모나코에서까지 유럽 투자자들이 함께 일하자는 제안을 받았다.

광야에서의 시간, 나를 키워 준 용기와 감사 그리고 기도

지금 와서 생각해 보니, 나를 예전엔 생각지도 못한 새로운 길로 계속 밀어 넣은 시발점은, 본인의 이해관계를 위해 어느 날 문자로 절교 선언과 함께 모질게 떠나 버린 친구에 대한 배신과 상실의 감정이었고, 그것이 나를 짧은 기간에 급격하게 미친듯이 성장하게 만든 엉뚱한 자양분이 되었다. 그래서 지금은 얼음장보다 차가운 절교 문자를 남기고 떠난 그녀와, 그 후 아무 말 없이 다같이 떠나 버린 주위 친구들을 미워하거나 원망하지 않는다. 오히려 떠나 줘서 고맙기까지 하다.

춥고 어두운 동굴 속에 나 혼자 남겨두고 떠나준 덕분에, 그 동굴에서 나가기 위해 스스로를 채찍질하며 내 한계점을 스스로 넘을 수 있었다. 사람이 극한 상황에 이르면 자기도 모르는 초자연적인 힘이 나오는데, 나도 모르는 그런 용기의 힘이 나를 여기까지 올 수 있게 해 준 것 같다. 인생은 어차피 죽기 아니면 살아서 까무러치기니까.

당신도 지금 어떤 힘든 일 때문에 홀로 캄캄한 동굴 속에 있는가? 매일 밤 가슴을 쥐어뜯으며 스스로를 자책히고 괴롭히는가?

술 없이는 잠을 못 자고 악몽에 시달리는가?

그렇다면 꼭 이야기해 주고 싶다. 새로운 것을 시도해 보라고, 그리고 자신보다 조금 더 지혜가 많은, 당신을 존중해 주는 새로운 사람들을 만나보라고. 당신이 상상하지 못했던, 하고는 싶었는데 겁나서 못했던 그 무언가를 그냥 시도해 보라고. 왜? 당신은 이미 소중한 것들을 잃어버려 더 이상 잃어버릴 것이 없지 않은가? 전혀 무서울 게 없는 것이다.

나는 내가 이렇게 책을 쓰게 될 거라고는 전혀 생각지 못했다. 아니, 글로 쓸 만한 무슨 얘깃거리가 있다고? 나는 성공한 기업가도 아닌데…. 그런데 글을 쓰면서 할 말이 너무 많은 것에 깜짝 놀랐다. 내가 너무 바보같이 살았다고 생각했는데, 나름 열심히 살았네. 내가 그때 이렇게 행동한 건 그럴 만한 이유가 있었구나. 그 광야의 시간 덕분에 어려운 고통 속에서 어떤 사람이 진실하고, 누가 가짜 친구인지 알 수 있었던 것도 감사하다. 이제 곁에 있는 고마운 사람들과, 나의 꿈을 응원해 주는 사람들과 함께 보낼 시간만으로도 인생은 너무 짧으니까. 인생은 축복이고 감사의 연속이다.

또한, 내가 광야의 시간을 힘들게 보내고 있을 때 '은혜'라는 찬양가

링크를 보내 준 것을 계기로 종교의 힘에 의지하게 도와 준 전 룩셈부르크 주한대표부 김윤희 대표로부터 정신적으로 큰 은혜를 입었다. 룩셈부르크와 관련된 일을 하면서, 단지 서로 오래 알고 지냈다는 이유 하나만으로 아무 잘못한 것이 없는 그녀가 곤란해지는 일들이 종종 있었다는 것을 잘 알고 있다. 룩셈부르크 주한대표부 (룩셈부르크 경제부 산하였으나, 2024년부터 룩셈부르크대사관으로 통합되었다.) 에서 지난 20년간 룩셈부르크와 한국을 잇는 큰 일들을 해낸 김윤희 대표의 새 출발도 뜨겁게 응원한다.

사업을 시작하면서 선의로 도왔던 일들이 나에게 화살로 돌아오는 일들도 많았다. 물에 빠진 사람을 구해 놓았더니 보따리까지 내놓으라는 옛말이 틀리지 않음을 몇 번이나 확인했다. 지금까지는 일일이 대응하지 않았는데, 누군가 나에게 '명예훼손'은 변호사를 써야 한다고 강하게 충고했다. 이제부터는 그렇게 제대로 해 보려고 한다.

16

나에게 큰 영감을 준 사람들

1) MCM 사업개발 담당 차세대 리더 다니엘 신

코로나 팬데믹이 이어지는 동안 당시 NFT 예술, 즉 새로운 블록체인 기술을 접목한 예술에 대한 관심이 인기를 끌고 있었다. 코로나로 전 세계 사람들은 집에 있는 시간이 길어지자 페이스북에서 일상 대화를 나누고 바깥세상, 특히, 외국은 어떤지 궁금해했다. 이때 나는 수많은 투자자와 유명인들과 전화기 너머로 소통을 했다. '위기는 기회'라고, 평소에는 너무 바쁜 그들과 콜드 이메일(cold email)로 바로 연결이 되었다.

그 무렵 서울 청담동 MCM HAUS 5층에 개관한 독일 쾨닉 서울 전시관에서 NFT를 활용한 아트 전시회가 열린다는 기사를 보았다. 당시 유럽, 특히, 룩셈부르크에서는 NFT 아트 전시를 전혀 찾아볼 수 없어, 코로나 기간 중에 한국 출장을 가면 꼭 방문해 보고 싶었다.

그런데 어떻게 담당자를 찾을 수 있을까? 또다시 내가 잘하는 리서치가 시작되었고, 다니엘이라는 분이 MCM 한국 사업개발 담당이라는 것을 알게 되었다. 콜드 메시지(내가 누구인지, 왜 당신을 만나고 싶은지 등등의 사연)를 보내고 과연 답장을 받을 수 있을까 기다리던 찰나, 페북으로 답장이 왔다.

"네, 서울에 출장 오면 MCM HAUS에 꼭 오세요. 제가 구경시켜 드릴게요."

모두 발이 묶여 있던 코로나 팬데믹 기간 동안에도 나는 룩셈부르크-인천 출장을 자주 다녔다. 마침 룩셈부르크 VC가 한국 스타트업에 투자하는 Due Diligence(투자 전 실사)가 있었기 때문이다. 당시 한국 출장은 전시 상황 그 자체였다. 인천공항에 도착하면 중무장한 경찰과 군인들이 있었고, 외국에서 입국한 사람들은 무조건 정부에서 정해 준 호텔에 배정되어 그들의 에스코트를 받아 투숙

해야만 했다.

 그런 힘든 출장길에 잠시 짬을 내어 청담동 MCM HAUS를 찾아갔다. 그때 다니엘 씨 집무실에 들어선 나는 순간 얼어 버렸다. 내가 그토록 만나보고 싶었던 김성주 회장 사진이 걸려 있었기 때문이다. 그녀는 여전히 MCM 해외시장 진출(중동시장)에 큰 활약을 하고 있고, 예술시장에도 관심이 많아 국내에서 세계적인 전시회가 열릴 때 MCM 본사는 해외 바이어들과 프라이빗 모임이 열리는 장소이기도 했다.

 김성주 회장은 독일 명품 브랜드인 MCM 대리권을 확보하고, 2005년 아예 MCM을 인수한 것으로 유명하다. 그리고 《나는 한국의 아름다운 왕따이고 싶다》라는 에세이집을 출간해 화제를 모았다. 그녀는 남성 중심의 한국 사회에서 '술접대'와 '흰봉투' 대신, 바이어들과 자전거를 타고 남산 하이킹을 즐기는 사업 방식을 만들어 낸 것으로 알려져 있다. 그 섬세한 여성성이 사업 성공의 열쇠였다고 한다.

 나의 대학시절이던 90년대 말 MCM 가방이 대유행이었는데, 지금은 해외 MZ세대 중 특히, 중국과 UAE에서 인기가 있다고 한다. 그러고 보니 640만 팔로워를 가진 자매 크리에이터 '듀자매'가

MCM 두바이 행사에서 활약하는 것을 보았다. 그 MZ세대가 바로 NFT와 Web3 아이템을 예술과 패션에 접목시켜 사고파는 새로운 세대인 것이다.

MCM HAUS의 큰 매력은 꼭대기층에 독일 쾨닉 서울 전시관이 있는 것이다. 기존에 접하기 어려웠던 유럽 신진작가들의 작품과 NFT를 활용한 전시 등 볼거리가 아주 많아 방문자들의 발길이 끊이지 않는다고 한다.

2023년 연말 룩셈부르크 최고 부동산개발회사 경영진이 우리 회사로 연락을 해 왔다. 2025년에 완공 예정인 룩셈부르크 최고 멀티복합엔터테인먼트 건물 GRIDX의 내부공사를 하기 전에 한국은 요즘 어떻게 상업공간을 활용하는지, 직접 가서 보고 싶다는 것이었다. 마침 같은 시기에 한국 출장 계획이 있어 일정 중에 시간을 낼 수 있었고, 내가 경험한 MCM HAUS를 직접 느끼게 해 주고 싶었다. 그래서 다니엘 씨에게 연락하니, 서울 종로구에 있는 W-Space 화이트 갤러리에 있는 김영주 화백의 귀한 작품들을 보여 주겠다고 했다.

종각역에 내려서 찾아간 건물 외벽은 영국의 유명 벽화가 폴 모리슨

(Paul Morrison)의 작품을 설치하여 건물 전체가 하나의 예술작품이었다. 이 건물은 2023년 5월 10일 대성그룹 76주년을 기념해 종로구 우정국로에 위치한 대성그룹 사옥을 리모델링하여 W-Space로 이름짓고, 하느님께 봉헌한 의미 있는 공익 목적의 건물이다.

그리고 이 건물에서는 메테스 인스티튜트(metes institute)라고, 디지털 역량을 배우면서 창업을 꿈꾸는 젊은이들이 무상으로 교육을 받고 있다. 룩셈부르크의 부동산개발회사 경영진들도 패널로 초청되어 예비창업자들과 교류하는 시간을 가졌었다.

룩셈부르크 부동산개발회사 경영진은 MCM HAUS와 W-Space 두 건물을 방문하고 느낀 것이 많았다고 한다. 특히, 멋진 예술작품이 있는 갤러리가 대중을 끌어당기는 힘과 브랜드의 콜라보레이션, 그리고 새로운 것을 시도하는 NFT 아트를 좋아하는 MZ세대를 위한 브랜드, 거기에다 가장 큰 감동은 사회에 봉사하고 기여하는 기업정신이라고 했다.

MCM HAUS 지하에 독일 뮌헨식 카페테리아가 있는데, 실제로 독일에서 제빵을 배워 온 쉐프가 만든 빵이어서 깜짝 놀랐다. 정말 내가 독일 뮌헨 빵집에 와 있는 듯한 느낌. 서울의 리테일 엔터테인먼트(Retail Entertainment)의 수준은 세계 최고라고 생각한다.

강남에 있는 MCM HAUS(MCM 제공)

나는 오늘도 유럽으로 출근한다

2) 유럽과 한국을 잇는 글로벌 금융전문가 영주 닐슨 교수

2018년 한국 출장 중에 삼성동 코엑스 서점에서 눈에 띄는 책을 발견했다. 《글로벌투자전쟁》이라는 제목도 강렬했지만, 그 밑에 있는 저자의 이름 '영주 닐슨'을 보고 호기심이 발동했다. 알고 보니 한국 금융계에서 각종 주요 경제지의 칼럼니스트로 활동하며 세계 투자계 동향을 분석하고 전달하는 전문가 중의 톱 전문가였다. (성균관대 경제학과 교수, 미국 씨티그룹 뉴욕 G10 채권 트레이딩 대표, 베어스턴스 뉴욕 본사 매니징 다이렉터 역임 등)

그리고 현재 노르웨이인 남편과 아들과 함께 오슬로에 거주하면서 매학기 강의를 위해 오슬로에서 서울 성균관대로 출근하는 글로벌 커리어 우먼이었다.

내가 좋아하는 글로벌 리더십, 거기에다 유럽과 인연이 있는 그녀의 소셜 미디어를 팔로우하기 시작하면서 점점 더 직접 만나보고 싶었다. 아쉽게도 코로나가 터졌고, 우리 회사는 코로나 중에 더 많은 컨설팅 업무가 들어오기 시작했다. 아이러니하게도 코로나로 나오지 못하는 기업인들이 유럽 업무를 현지 컨설팅사 LUXKO에 의뢰한 것이다.

하지만 코로나 상황에서 한국어, 영어가 가능한 사무보조원을 '룩셈부르크'에서 뽑는 것은 100% 불가능했다. 그래서 생각난 분이 영주 닐슨 교수였다. 그녀가 성균관대 MBA 교수로 있으면서 일 잘하는 좋은 학생들에 대한 데이터가 많은 것을 알고 있었기 때문이다.

아니나 다를까, 그녀는 제자 중에서 일 잘하는 사람을 소개해 주었고, 나는 가장 바쁜 시기에 업무 보조를 한국으로부터 원격으로 받을 수 있었다. 그리고 7시간의 시차는 오히려 한국-유럽 업무에 효율적이었다. 유럽에서 퇴근 전 한국에 업무를 요청해 놓으면, 아침에 출근하면 잘 끝낸 업무 파일이 들어와 있었기 때문이다.

코로나가 풀리자마자 드디어 영주 닐슨 교수와 직접 만나기로 했다. 우리는 인사동에서 만나 식사를 하고, 딱딱한 금융투자분석이 아닌, 노르웨이 교포 영주 닐슨 씨로 유럽에 사는 소소한 일상 이야기(특히, 북유럽의 문화)를 나누었다. 우리가 공통분모로 갖고 있는 한국을 대상으로 일하면서 거주지는 유럽인 것에 대한, 한국과 유럽의 문화 차이와 그동안 살아온 이야기 등 시간이 모자랄 만큼 많은 대화가 오갔다.

그러고도 아쉬워서 오슬로-룩셈부르크 비행기 직항이 있으니 12월에 유럽 크리스마스 마켓이 열릴 때 꼭 놀러 오라고 했다.

그 후 2022년 겨울, 룩셈부르크 우리집에서 다시 만났다. 놀러 왔는지 일을 하러 왔는지 모를 정도로 그녀는 유럽 시간 새벽 4시에 일어나 한국과 줌콜을 하느라 정오까지 정신이 없었다. 유럽이 정오이면 한국이 퇴근하는 저녁 7시가 되어서야 "이제 놀아볼까요!" 하면서, 시차를 이용하여 하루를 마치 이틀처럼 쓰는 '마법의 시간관리'를 하고 있었다.

그녀에게 개인적으로 한 가지 꼭 물어보고 싶은 것이 있었다.

"교수님은 오슬로에 살면서 어떻게 매학기 성균관대로 출근하세요? 그전에는 뉴욕에서 최고의 채권투자자로 6조 원 이상 펀드를 운용하며 세계 금융시장을 주무르던 분이 갑자기 한국에 교수로 가게 된 이유가 궁금해요."

그녀는 잠깐 생각에 잠기더니 이렇게 말했다.

"승은 대표, 인생을 살다 보면 우리가 계획한 대로 안 될 때가 있어요. 나는 평생 뉴욕 월스트리트 금융가에서 살 줄 알았는데, 어쩌다가 노르웨이 남편을 만나고, 그리고 친정 아버님이 갑자기 암으로 시간이 얼마 남지 않았다는 연락을 받았어요. 그때 급하게 한국에 들어가면서 성균관대 교수직을 맡게 되었는데, 지금 되돌아보면 그것은 아버님이 마지막으로 나에게 남겨 준 소중한 선물 같다는 생각이 들었어요. 승은 대표도 알겠지만, 외국에서 오래 살다가 한국에 오면 사회적으로 적응하기가 힘들거든요. 그런데 학교 강단에 서니까, 초롱초롱한 젊은 제자들을 만나니까, 내 지식과 경험을 하나라도 더 배우려고 하는 그 젊은이들에게서 오히려 내가 좋은 기운을 받더라고요. 오슬로에서 성균관대까지 매학기 출퇴근하는 것, 물리적으로 힘든 것 빼면 나는 정말로 행복하고 운이 좋은 것 같아요."

맞다. 우리는 가끔 인생이라는 바다에서 우리가 원하지 않았던 큰 파도를 마주하게 되는데, 그 큰 파도가 우리를 어쩌면 더 좋은 기회가 있는 곳으로 데려다 줄 수 있다는 것을 알아채기가 쉽지 않다.

3) 프랑스 패밀리 오피스 대표 기욤 사르코지

2023년 4월, 룩셈부르크 코리아비즈니스센터 개관을 앞두고 룩셈부르크 언론과 인터뷰를 하기 위해 로열호텔 로비에 앉아 있는데, 프랑스 비즈니스 파트너인 트람이 지나가면서 "Semi, 여기서 뭐해요?" 하고 물었다. "오늘 기자 인터뷰가 있어요!"라고 대답하자, 그녀는 내게 소개해 줄 사람이 있으니 인터뷰가 끝나면 저쪽에 있는 자기 자리로 오라고 했다.

인터뷰를 끝내고 보니 그녀가 로비에서 인상 좋은 노신사와 이야기를 나누고 있었다. 방해하기 싫어서 그냥 집으로 돌아왔더니 그녀가 메시지를 보냈다.

'오늘 박 대표에게 내 비즈니스 파트너인 미스터 사르코지를 소개해 주고 싶었어요!'

'사르코지? 프랑스 대통령과 성이 같은 사람도 있네' 하면서 "For next time!" 하고 답을 보냈다.

몇 달 후 프랑스 파리에서 열린 유럽 최대 스타트업 행사인 비바테크(Viva technology)를 계기로 다시 만나게 된 그는 기욤 사르코지, 실제로 프랑스 대통령의 형이고 '패밀리 오피스'를 운영하며 파리와 룩셈부르크 스타트업에 투자를 하고 있었다.

그리고 어느 날 파리에서 기욤 사르코지가 프랑스 비즈니스 파트너인 트람과 함께 사르코지 대통령 가족이 매주 일요일 식사를 했다는, 뇌이쉬르센(Neuilly-sur-Seine) 지역의 고급 레스토랑으로 초대해 주었다. 그는 분홍색 샴페인병을 들고 "이건 우리 처제(sister in law)가 광고하는 샴페인이에요. 맛이 괜찮아요" 하고 말했다. 다 알다시피 그의 처제는 카를라 브루니였다.

나는 샴페인 한 잔에 붕 떠 있는 기분이었다. 아니, 저녁식사를 하는 동안 꿈인지 생시인지 구름 위를 떠다니는 것 같았다.

그날 기욤 사르코지는 자기 부인이 매일 저녁 한국 드라마에 푹 빠져 있어 같이 보고 있다면서, 한국 문화에 대해 이것저것 물어보았다.

그 후 기욤 사르코지와 줌으로 한국 스타트업에 대한 이야기를 나누었다. 그는 70세가 넘었는데도 매일 줌으로 다양한 스타트업 대표들을 만나고, 뛰어난 기술을 가진 스타트업에 투자하고 있었다. 또 룩셈부르크에서 열리는 주요 경제 세미나에도 참석하며 왕성하게 경제 활동을 하고 있다. 하지만 그냥 푸근한 시골 할아버지 같은 느낌이어서, 거리를 지나가면 누구도 전직 프랑스 대통령의

형인 것을 알아채지 못한다.

 2023년 9월 13일 오후, 파리 번호로 전화 한 통이 걸려왔다.

 "Bonjour! This is Guillaume Sarkozy. Are you Semi?"

 커피를 마시다가 화들짝 놀라서 쏟아 버릴 뻔했다. 기욤 사르코지는 내가 WSBW(World Space Business Week) 2023(매년 가을 파리에서 열리는 유럽에서 가장 큰 우주 관련 세미나)에 참석한다는 것을 트람을 통해서 듣고, 내일(9월 14일) 점심식사를 같이 하자고 했다. 사실 이미 파리 출장 일정은 빡빡했지만, 이렇게 중요한 VIP가 제안하는데 어떻게 거절할 수 있을까? 당연히 약속을 하고 푸케(Fouquet)라는 레스토랑에서 12시 30분에 만나기로 했다.

 나는 파리 출장 준비로 바빠서 그 레스토랑이 어떤 곳인지 사전 검색을 해 보지 않았다. 그런데 다음날 '푸케'가 파리의 명품 거리인 샹젤리제 최고의 위치에 있는 고급 레스토랑인 것을 알고 입이 딱 벌어졌다.

 약속시간에 항상 일찍 나가는 나는 20분 전에 도착했다. 입구에서 아름다운 프랑스 여성이 예약자 이름을 물어보았다.

 "Guillaume Sarkozy!"

그녀는 갑자기 웃긴다는 듯이, "아~ 그러니까 프랑스 대통령과 같은 성 Sarkozy(사르코지)라는 말씀이지요?" 하며 프랑스인 특유의 비꼬는 듯한 표정을 지었다.

나는 짧게 "Oui(네)"라고 했고, 그녀는 예약자 명단을 죽 살펴보더니 갑자기 얼굴빛이 하얘졌다. 왜냐하면 그가 진짜 VIP 명단에 있었으니까! 그러고는 갑자기 360도 돌변한 태도로, "마담, 이쪽으로 저를 따라오시죠" 하는데, 웃기면서도 씁쓸한 코미디의 한 장면 같았다.

내가 안내받은 곳은 프라이빗 살롱으로 프랑스의 저명한 정치가와 연예인, 그들의 전용 자기 식기와 이름이 새겨진 냅킨링이 있는 프랑스 최상류층이 드나드는 곳이었다. 내가 혼자 앉아 있는데 마침 웨이터들이 점심 전 고객 접대 교육을 받고 있었다.

"자, 오늘의 VIP 게스트 리스트 확인 시작합니다. 1번 테이블 누구누구, 2번 테이블 기욤 사르코지, 승은 박…."

그리고 그들이 일제히 나를 쳐다보는데, 나는 당황해서 갑자기 손에 땀이 났다. 그때 트람에게서 문자가 왔다.

'기욤 사르코지 10분 늦음, 나는 20분 늦음.'

이제는 손에서만 땀이 나는 게 아니라 이마에서도 났다. 나 혼자

나는 오늘도 유럽으로 출근한다

기욤 사르코지
(기욤 사르코지 패밀리 오피스 제공)

그분과 무슨 얘길 하지?

잠시 후 "Hi, Semi!" 하며 기욤 사르코지가 호탕하게 웃으며 들어왔다. 동네 할아버지같이 편안한 그의 제스처에 자연스럽게 프랑스식 뺨을 마주치는 인사(Bisous)를 했다. 그리고 파리에 무슨 일로 왔는지, 내가 함께 일하는 컨텍(CONTEC)이라는 회사와 창업자 이성희 대표가 어떻게 '한국 스페이스 기업'으로 크게 성장했기에 우주 회사 하면 가장 큰 저력을 가진 프랑스에서, 그것도 세계 최고 CEO들만 온다는 WSBW에서 그가 어떤 연설을 했는지 신기해하며 내 이야기를 흥미진진하게 들었다.

"오늘은 이성희 대표님이 회의 일정이 있어서 여기 못 오셨는데, 다음에 한번 같이 만나보실래요?"

"그래요. 나는 대한민국에서 민간 우주기업 스타트업을 창업한 그 용기 있는 분을 꼭 한번 만나고 싶어요. 곧 코스닥에 상장한다고 들었어요. 11월에 내가 가장 좋아하는 파리 세인트 제임스 클럽으로 초청할게요. 그런데 Semi, 나는 말이죠, 일흔 살 넘게 지금까지 스타트업에 패밀리 오피스로 투자하는데, 아직까지도 한국이란 나라에 가 본 적이 없어요. 요즘에 한국 드라마와 케이팝이 크게 알려져 있고, 또 아내가 한국 드라마를 좋아해서 나도 같이 보고 있는데, 한국이 너무 궁금해요. 한국 음식도 먹어 본 적이 없는데, 요즘 정말 궁금해요. 특히, 한국의 기술기업들도 너무 대단하고. 그래서 유럽에 진출하는 한국 기업에 투자를 하면 되겠다 생각하고 있어요. 그러니 LUXKO의 도움이 필요해요. 나의 투자 조언자 트람 씨를 통해 Semi가 한국의 기술기업들을 유럽으로 진출시키는 일을 한다는 이야기 들었어요. 그래서 앞으로 좋은 정보가 있으면 알려 주세요. 나는 꼭 좋은 일을 만들어서 한국에 가고 싶으니까."

아마도 2023년 9월 13일은 내가 이 일을 시작하고 가장 기억에 남을 만한 날일 것이다. 내가 하는 일에 크게 자부심을 갖지 못했었는데, 중요한 누군가에게 내 회사(LUXKO)와 내가 가진 네트워크가 가장 필요한 것이 될 수도 있다는 것을 깨달았기 때문이다. 특히, 내가 쏟아부은 노력의 결과를 보고 기욤 사르코지가 운영하는 패밀리 오피스(스타트업에 투자하는 개인 자산가가 운영하는 투자사)를 만났을 때는 더욱 그랬다.

4) 유럽투자은행을 55세에 조기 은퇴한 재클린 리

룩셈부르크에 살면서 내게 가장 큰 영향을 준 한국인을 꼽으라면 재클린 리 언니다. 2007년부터 살게 된 룩셈부르크는 오후 6시면 모든 상점이 문을 닫았고, 아직 아이가 없던 우리 부부는 심심하고 무료한 저녁 시간을 어떻게 보내야 할지 어쩔 줄 몰라했다.

룩셈부르크 특성상 가까이 있는 프랑스, 벨기에, 독일에서 출퇴근하는 '프론탈리에(frontaliers : 국경을 넘어서 출퇴근하는 직장인)'들이 많아 '대리운전 서비스가 없는' 나라에서 술 한잔 할 동료도, 한국인 친구도 당시엔 없었기 때문이다. 일하는 개월수가 늘어날수록 은행 잔고는 꼬박꼬박 쌓이지만, 저녁 시간이 너무 긴 무료한 삶이었다.

이때 나는 남편에게 영어로 하는 룩셈부르크 MBA 석사 과정을 권유했다. LL.M. 이론만 공부한 그가 돈을 다루는 금융업계에서 일하게 되었기 때문이다. 하지만 반응은 시큰둥했다. 본인은 이미 영국 맨체스터대학원 석사 학위를 취득하고 은행에 취업했는데 무슨 공부를 또 하느냐는 거였다.

얼마나 싸웠을까. 룩셈부르크 MBA 대학원 사무실에서 마침 룩셈부르크에 사는 한국인 여성이 MBA를 하고 있는데 만나볼 의향이 있는지 문의가 왔다. 난 남편에게 그녀와 딱 한 번만 만나보라고 권했다.

남편이 재클린 언니와 만나고 온 날, 그는 뭔가 크게 충격을 받았는지 "나 MBA 당장 시작할래" 하는 것이었다. 무엇이 그에게 결심을 하게 만들었나 들어보니, 그녀는 당시 40대 중반의 중학생 딸 둘을 키우는 싱글맘인데, 유럽투자은행 은행원으로 일하면서 저녁에 MBA까지 하고 있다는 것이었다. 나는 당시 20대 후반이고 아이도 없는, 둘이서 텔레비전 앞에 앉아 무료한 저녁 시간을 보내고 있었는데, 너무나 열심히 살고 있는 그녀의 얘기를 듣고 충격을 받은 것이었다.

싱글맘인 그녀는 '여성의 경제적 자립'이 얼마나 중요한지 나에게 늘 강조했고, 아이 둘을 출산하고 양육하는 동안에도 내가 할 수 있는 발전적인 일들(어학원 수업)을 하라고 용기를 북돋아 주었다. 그리고 내가 육아 휴직을 끝내고 다시 사회에 복귀할 때, 나의 재출발(relaunch)을 마치 자기 일처럼 기뻐해 준 유일한 사람이다. 내가 사업을 시작하면서 사람과의 관계로 한참 힘들었을 때도, 그

바쁜 중에 내가 괜찮은지 정기적으로 안부를 물어봐 준 몇 안 되는 은인 중 한 사람이다.

시계를 돌려 2007년 당시 재클린 언니 또래의 한국인 부인들의 티타임에 초대되어 간 적이 있는데, 그들의 대화가 너무 충격적이어서 아직도 잊혀지지 않는다.

"누구야, 너희 남편 이번에는 어떤 차종으로 바꿨니?"

"승은 씨, 여자는 남편이 돈 벌어오면 그 카드 쓰는 재미에 사는 거야~ 여자가 무슨 돈을 번다고, 젊은 사람이 왜 그렇게 힘들게 살아? 룩셈부르크까지 와서 일하느라 정말 힘들겠네."

"우리 남편 이번에도 뉴욕으로 출장 갔잖아. 요즘 맨날 뉴욕행이야. 이번엔 선물 뭘 사 오라고 할까?"

직장에서 잘나가는 남편을 둔 한국 부인들의 자랑 배틀을 들으면서, '나는 절대로 저렇게 나이 들지 않겠다'고 다짐한 첫 번째이자 마지막 티타임이었다. 몇 년이 지나 그 모임이 깨졌다는 소리를 들었다. 놀랍지 않았다. '자랑 배틀'의 끝은 항상 시샘과 질투의 후폭풍이 있으니까.

당시 티타임 모임에 갈 시간도 없이 바쁘게 살았던 싱글맘, 재클린 언니의 노년의 삶은 그 이후 어떻게 되었을까?

그녀는 55세 되던 해 봄, 코로나가 한창 유행이던 어느 주말에 나에게 전화를 걸어 이렇게 말했다.

"승은 씨! (아직도 나에게 '씨'를 붙여서 존중해 준다.) 나 지난 주말에 프랑스 남부 칸 옆에 있는 생 라파엘 해변이 보이는 멋진 빌라를 계약했어요. 이제 남자 친구와 함께 노후를 즐기면서 보내려고요. 그동안 싱글맘으로 아이 둘 키우면서 정말 열심히 살았으니까, 이제는 좀 여유를 즐기고 싶어요. 부동산에 투자한 것도 많이 올랐고, 직장에서 퇴직해도 매월 연금이 충분히 나와요. 일찍 퇴직해서 남자 친구와 좋아하는 테니스를 맘껏 치고 싶어요."

그때 나는 언니의 조기 퇴직(early retirement)를 말렸었다. 55세면 아직 너무 젊고, 가파르게 올라가는 룩셈부르크 부동산 가격이 아직 팔기에 너무 아깝지 않느냐고 만류했지만, 언니는 항상 그래왔듯이 자신의 선택을 주저하지 않고 밀고 나갔다.

그리고 정확하게 2년이 지나 언니가 사는 고급 빌라를 방문하고, 언니의 말이 다 맞았다는 것을 눈으로 몸으로 확인했다. 우리 가족은 베란다에서 그림 같은 남부 지중해 바다에 떠 있는 요트들과, 헬리콥터로 이동하는 고급 빌라의 웅장함에 입을 다물지 못했다.

정말 영화에서나 나오는 그림 같은 집이었다.

언니는 남자 친구와 매일 아침 테니스를 치고, 오후에는 지중해 바다에서 수영하고, 노을이 보이는 테라스에서 저녁을 먹었다. 그리고 낮에는 좋아하는 책을 읽거나 투자 관련 공부를 하고, 점심 때는 이웃들과 교류하고 (프랑스 남부는 부호들의 별장이 있는 지역이다.) 저녁에는 다시 해변가 산책을 하거나 파리에 있는 의사인 큰딸과 스트라스부르크에서 스포츠학 박사 공부를 하는 둘째딸과 통화하며 행복한 나날을 보내고 있었다.

또 언니가 룩셈부르크 주택들을 최고 정점에서 매매한 후, 세계 경제는 부동산 가격 폭락으로 몇 년째 헤매고 있다. 그녀는 정말 가장 적기에 엑시트한 것이다.

언니와 같은 유럽투자은행에서 함께 일했던 남자 친구 클로드는 예술작품 컬렉션에 진심이었다. 초짜 컬렉터인 나는 당시만 해도 작품보증서를 따로 모아두지 않고 집 안 여기저기에 보관하고 있었다. 그런 나에게 그가 보여 줄 것이 있다면서 큰 서류철을 가지고 왔다. 안에는 지금까지 그가 직장생활을 하면서 은퇴 전까지 사서 모은 예술작품 목록, 영수증, 보증서까지 차곡차곡 들어 있었다. (심지어 작품을 어디서 구했는지, 아트페어 입장권까지 모아 놓았다!)

그의 2호 수집 작품이 1999년 독일 쾰른 아트페어에 출품된 전광영(세계적인 한지조형작가) 작가의 작품이어서 깜짝 놀랐다. 언젠가 클로드의 예술작품 컬렉션이 모여 있는 프랑스 성을 개조한 별장을 방문해서, 전광영 작가가 처음 유럽 시장에 진출했을 때 작업한 작품을 꼭 감상해 보고 싶다.

이렇게 멋지게 조기 은퇴한 재클린 언니를 보면서 은퇴 후의 삶에 대해 미리 상상하고 준비하게 되었다. 은퇴 후 살고 싶은 국가와 도시에서 배우자(혹은 파트너)와 함께할 좋은 취미가 있고 여유있는 연금까지 준비된다면, 그리고 무엇보다 건강하다면 가장 완벽한 은퇴 생활이 아닐까.

알고가기

한국과 룩셈부르크 연금제도가 다른 점은. 아이를 출산하기 전 룩셈부르크에서 일한 경험이 있다면 (룩셈부르크 연금공단에서 12개월 납부 이력) Baby-year가 적용된다. Baby-year는 가장 마지막에 일한 회사의 연금이 그대로 적용된다. 예를 들어, 출산 전 가장 마지막에 일한 기업에서 매월 20만 원의 연금을 들어 주었다면, 출산 후 한 아이당 2년간 그 연금을 정부에서 그대로 내준다. 나처럼 딸 둘을 연달아 낳았다면, 일을 하지 않아도 4년간 연금을 정부에서 내준다. 이건 한국도 그렇지만 연금 혜택을 받으려면 최소 10년간 연금을 납부한 이력이 필요하다. 이런 룩셈부르크의

Baby-Year 연금보조제도는 정부가 경단녀들의 '재취업'을 장려하는 동기가 되기도 한다. 10년을 채워야 하는데, 중간에 연금저축을 그만두기는 아까우니까 말이다.

곰곰이 생각해 보면, 내 주위에 있는 경제력이 강한 여성 멘토들에게는 다음과 같은 공통점이 있었다.

1. **젊었을 때 크게 고생했다 :** 이혼이나 남편의 실직, 부재로 '경제적 자립'에 대한 위기관리 능력을 남들보다 일찍 깨우치는 계기가 된다. 이것이 처음에는 '불행'으로 보일지 모르지만, 젊었을 때 '위기'를 맞으면 아직 젊기 때문에 위기에 대처하는 능력이 탁월하다.

2. **고생한 경험을 반면교사 삼아 본업 외의 다양한 분야에 분산 투자 활동을 시작한다.**
   • 자신에 대한 투자(석사, 박사, 자격증)
   • 불로소득(passive income) 만들기(부동산 투자)
   • 남성 파트너(회사 및 가정)에 절대로 의존하지 않는다.

3. **노후생활이 더 멋있는 계획된 인생 :** 본인이 하고 싶은 일, 가고 싶은 곳, 시간을 함께 보내고 싶은 사람들과 여생을 즐긴다.

4. **노후연금 계획이 매우 확실하고 배우자나 자녀에게 의지하지 않는다.**

5. **항상 긍정적이고 진취적인 마인드를 갖고 있다.**

5) 룩셈부르크 송경아 한인 작가

2023년 4월 어느 날이었다.

"승은 씨, 나 좋은 일이 있어요. 이번에 '프랑스 남부 니스 샤갈미술관 50주년 기념'으로 내 작품 13개(그림 12+조각 1)가 전시돼요. 승은 씨는 내 작품 컬렉터니까, 베르니사주(Vernissage : 전시회 개최 전날의 특별 초대)에 초대할게요. 올 수 있으면 꼭 와요."

룩셈부르크에서 활동하는 송경아 작가를 알고 지낸 지도 10년이 되어 간다. 룩셈부르크의 카지노(Casino) 미술관에서 '호랑이와 곶감' 이야기를 아트북으로 만드는 수업을 들으러 간 한국 친구가, 작가가 한국 사람이라면서 연락처를 알려 주었다.

그때 알게 된 송경아 작가는 프랑스 낭시 국립 미술학교(École nationale supérieure design de Nancy)에서 커뮤니케이션을 전공하였고, 유럽에서 각종 전시회와 일러스트레이터로 활동하고 있다. 2009년 한국에서 《미미의 프랑스 일기》를 출간하기도 하고, 2017년 룩셈부르크 최고 아동문학상을 받은 "WOOOW LUXEMBOURG"는 베스트셀러로 현재 4개 국어로 번역되어 꾸준히 사랑받고 있다. (아직 한국어 번역은 없다.)

그리고 매년 해외 전시를 하고 2023년 샤갈미술관 50주년 기념으로 작품 13개를 전시한다니, 이렇게 역사적이고 멋진 행사에 컬렉터로, 그녀의 팬으로, 그리고 친구로 당연히 참석했다.

그런데 프랑스 주요 예술계 언론들이 앞다퉈 보도하고 인터뷰를 하는데, 한국 언론에는 정작 소개가 안 되었다. 나의 직업병이 도져 나서볼까 하다가, "작가님이 안 나서는데 내가 무슨?" 하며 한 발 물러섰다. 마르크 샤갈의 연대기를 재해석한 그녀의 작품 하나하나에는 많은 의미가 담겨 있었다.

송경아 작가는 '샤갈과 나(Chagall et moi)' 전시회 때 이렇게 말했다. "마르크 샤갈의 삶에서 영감을 받아, 제 작품들에선 그의 어린 시절, 꿈, 여행, 예술적인 삶, 그리고 사랑을 특히 강조했습니다."

6개월의 전시가 막을 내릴 때쯤, 샤갈미술관에 전시되었던 작품들의 행방이 궁금했다. 전시기간 중 바로 눈에 들어온 '샤갈과 올리브나무'는 전 세계 샤갈 팬들의 러브콜을 받은 작품이었다. 니스 샤갈미술관 정원에는 실제로 올리브나무가 있는데, 그것을 보고 송경아 작가가 영감을 얻어 샤갈의 가장 화려하고 따뜻했던 남프랑스에서의 작업 시기를 상상하며 샤갈의 작업실을 올리브나무 속에 그려 넣은 것이다. 작가 특유의 상상과 위트가 넘치는 그림에는 따뜻한

치유의 힘이 담겨 있었다.

송경아 작가의 작품을 처음 컬렉션한 계기는 내가 육아 동굴 생활을 마치고 나와 일을 다시 시작하면서 사람들과의 어긋난 관계로 힘들었을 때, 그녀의 그림을 보고 있는 것만으로 심리 치료에 많은 도움을 받았다. 첫 번째 작품 'escape(탈출)'은 내 집무실에 항상 걸어 놓고 보는데, 마침 내가 가장 밑바닥에서 허우적거리고 있을 때 나의 심리와 모습을 대변해 주듯 보자마자 단숨에 사랑에 빠진 작품이다.

나는 일을 할 때마다, 힘들 때마다 매번 그 그림을 보고 큰 위안을 얻는다. 겹겹이 쌓인 파도에서 상어 황금 지느러미의 단면을 보고, 그것이 그림 속의 그가 쫓는 아름다운 황금인지, 아니면 겉만 황금색으로 보이게 유혹하는 위험한 상어가 그 바닷속에 숨어 있는지, 허우적거리는 사람이 탈출하려고 하는 그 안쓰러운 모습은 내가 중요한 결정을 혼자 내려야 할 때, 과연 무엇이 진실인지 양면을 봐야 하는, 그리고 무엇이 진실인지 몰라 두려워하면서 겹겹이 쌓인 파도를 헤쳐나가는 그 안쓰러운 표정은, 그때 홀로 외롭게 애쓰던 내 모습과 흡사했다.

그 후 코로나로 힘겹게 일상을 이어갈 때, 그녀는 무한 상상력으로 아름다운 두 작품을 탄생시켰다. 두 작품 모두 작가가 떠내 보내기 싫어했을 정도로 애착이 묻어 있는 작품이다.

다음은 2021년 3월 22일 송경아 작가에게서 받은 이메일에서 발췌한 것이다.

"승은 씨, 내가 정말 마음이 가는, 또 제일 사랑하는 그림 두 점이 승은 씨 새집에 보금자리를 틀다니 너무 기쁘고 좋아요. 두 그림은 나에게도 의미가 깊은 그림이에요. 'River with elephants and floating poem(코끼리들과 시들이 떠다니는 강에서)'은 코비드 이전 평화로웠던 마르코 고디호(룩셈부르크 현대미술가이자 송경아 작가 남편)의 베니스 비엔날레 준비 기간 동안 여러 영감을 받아서 그린 그림이고, 'Voyage dans la foret de bouleaux(자작나무 숲속의 여행)'는 내 인생에서 어쩌면 심적으로 가장 힘들었던, 첫 번째 코로나 격리 기간 동안 불안하고 막막했던 그때 꾼 꿈 중에 이상하리만큼 행복하고 아름다웠던 꿈 속 풍경과 순간들을 담은 그림이에요.

그래서 이 그림들이 승은 씨에게 또 승은 씨 가족에게 좋은 영감을 주고 행복한 에너지를 주리라 믿고 있어요. 단순히 보기에 예쁘고 느낌이 좋은 그림도 있지만, 내 개인적인 생각으로는 그 그림

룩스코 사무실에 송경아 작가 작품과 책이 놓여 있다.(룩스코 제공)

속 작가의 심리상태나 철학, 마음이 그대로 반영된 그림은 꼭 큰 힘을 가지고 있다고 생각하고, 그걸 나누는 기쁨 역시 중요한 부분이라고 생각해요."

송경아 작가의 그림들이 가진 긍정적인 힘은 그때부터 나에게 새로운 취미 하나를 만들어 주었다. 신진작가 작품을 컬렉팅하고 아트갤러리와 아트페어에 자주 가도록 이끌어 주었다. 그리고 보니 미래가 유망한 스타트업에 투자하고 발굴하고 키우는 나의 직업과 신진작가 작품을 발굴하고 잠재력이 무한한 그들의 작품을 컬렉션 하는 것이 참 비슷한 면이 많다는 것을 알게 되었다.

스타트업 회사에 투자할 때 창업자를 가장 먼저 보듯이, 작품만 보는 것이 아니라 작가가 어떤 사람인지를 알아가는 것도 나에겐 중요하다. 그래서 잡지나 인스타그램에서 눈여겨본 작품이 있으면 그 작가가 참석하는 베르니사주에 꼭 가거나, 작품이 좋으면 작가의 인스타그램을 팔로우하기 시작했다.

2022년 룩셈부르크 포르투갈 문화원에 열린 '송경아 작가 개인 전시회'에서 그녀의 상상력은 우주와 연결되어 있고, 마침 한국의 우주회사 일을 하고 있던 나에게 그녀의 그림은 우주사업에 종사하는 사람들이 본다면 단번에 감탄할 큰 영감을 주었다. 기지국(정보를 받는 그라운드 스테이션)을 통해 우주의 메시지를 받아 구름 위 놀이터에서 그 메시지들을 읽으며 상상의 나래를 펼치는 사람들의 경쾌함이란! 작가가 따로 책을 읽고 공부하지 않으면 나올 수 없는 그림이었다.

그녀는 시간이 날 때마다 다양한 분야의 책을 읽고 사색하는 작가다. 한국에는 아직 잘 알려지지 않았지만, 유럽에서 활발하게 활동하고 있는 송경아 작가의 작품들은 매년 룩셈부르크 문화부의 아트뱅크에서 컬렉트하고 있다. 그녀가 언젠가 한국에서 전시회를 여는 그날을 상상하면 왜 이리 기분이 좋을까!

17

우주와 사랑에 빠진 (주)컨텍 이성희 대표

2023년 11월 9일 코스닥에 상장된 '우주 스타트업' (주)컨텍 창업자 이성희 대표 앞에 붙는 수식어는 정말 많다. 그는 KARI(한국항공우주연구소) 연구원이었고, 대한민국 최초로 룩셈부르크에 유럽 법인을 세웠으며, CONTEC이라는 회사 이름은 조디 포스터의 'CONTACT'이라는 우주 영화를 보고 만들었다고 한다. 이성희 대표의 꿈은 '우주에서 우주였기에' 이 성공이 가능했다고 생각한다.

이 회사가 코스닥에 상장된 그날은 내 인생에서도 기억에 남을 만한 큰 성과였다. 그동안 있었던 크고 작은 힘든 일들이 이성희 대표가 울리는 북소리와 함께 다 날아가 버린 듯 기뻤다.

(주)컨텍이 코스닥에 상장된 날 이성희 대표가 북을 울리고 있다.(컨텍 제공)

내가 LUXKO를 인수하고 나서 2018년 처음으로 이성희 대표를 고객사로 만난 건 큰 행운이었다. 당시 프랑스 툴루즈에 유럽 법인을 세울까 고민중이던 그가 룩셈부르크라는 들어보지도 못한 나라가 뉴 스페이스(New Space) 시대*를 연다고 하니, 속는 셈치고 한번 들러 본 것이었다. 그리고 룩셈부르크에 유럽 법인을 설립하고

LUXKO에서 법인을 관리하면서 인연은 계속 이어졌다. (주)컨텍의 Series A, Series B, Series C 그리고 IPO(상장)까지 전 과정을 함께할 수 있었다는 것, 그리고 회사가 가파르게 성장하는 과정을 함께한 것은 얼마나 감사한 일인지 모르겠다.

2021년 어느 날, 파리 우주전시회 행사장에 필요한 디자인 시안을 급히 출력하기 위해 이성희 대표와 파리 외곽에 있는 출력소를 물어물어 찾아가서 가까스로 출력해 행사장으로 돌아가는 중이었다. 그때 이성희 대표는 운전을 하면서 이런 이야기를 들려주었다.

"박승은 대표님, 제가 어제 전 세계에서 가장 큰 파리 우주학회에서 발표를 하고 무슨 생각이 들었는지 알아요? 우리 어머니가 돌아가실 때 저에게 하신 말씀이 갑자기 생각났어요. '성희야, 엄마 아빠는 배운 게 없어서 이렇게 힘들게 살다 보니 내가 바라는 건 딱 하나야. 우리 성희가 여름에는 에어컨이 나오는 사무실에서, 추울 때는 따뜻한 히터가 나오는 사무실에서 넥타이 매고 출근하는 것 보는 거… 다른 건 안 바래. 그게 내 소원이야'라고 하셨거든요.

* 국가 주도로 이루어지던 우주산업에 민간 기업들이 진출한 요즘을 가리켜 뉴 스페이스 시대라고 한다.

어머니가 살아 계셔서 제가 하고 있는 일들을 보셨으면 얼마나 좋아하셨을까요….''

그러면서 어렵게 합격한 대학교 생활비로 월 10만 원을 받았다고 한다. 1975년생인 그가 대학에 다닐 때 월세 5만 원짜리 방에 살았다니, 그런 방이 서울에 있었느냐고 물어보니, 서울 어느 동네(생전 들어보지도 못한)에 그런 쪽방이 있었다고 한다. 그리고 아침에 일어나 보면 배고픈 쥐들이 비누를 갉아먹은 흔적이 있었다고, 쥐가 얼마나 배가 고팠으면 비누를 갉아먹었을까?

또 그는 제대를 하고 복학한 후 졸업할 때까지 국회의사당과 한강뷰가 보이는 바(bar)에서 주차 아르바이트를 했다고 한다. 그래서 그는 어디든 순식간에 주차하는 초능력을 갖고 있다. 뿐만 아니라 휴학 기간과 방학 때 빌라를 짓는 공사장과 보도블록 설치 현장, 하수구 맨홀 수리, 중국집 배달, 웨이터까지 힘든 일을 마다하지 않았고, 그때 그런 일들을 통해 세상살이에 대해 많이 배웠다고, 그 경험들이 회사를 차리는 데, 사업을 하는 데, 사람들과 부딪히며 일을 하는 데 큰 도움이 되었다고 한다.

이 이야기를 듣기 전에 나도 항상 궁금했다. 이성희 대표는 원래 KARI 연구원 생활을 한 (공부만 하던) 박사 출신이 분명한데, 해외

나는 오늘도 유럽으로 출근한다

고객사들과 미팅할 때 엄청난 '딜메이커', 즉 전형적인 사업가와 세일즈맨의 강점만을 갖고 있는 것을 보았고, 그것이 항상 신기했었다. 더구나 이성희 대표의 어릴 적 꿈은 판검사가 되는 것이었다고 하니, 지금의 우주사업가와는 전혀 매칭이 되지 않는다.

하지만 이성희 대표는 어린 시절 우주에 대한 꿈을 안고 늘 성실하게 준비해 왔다. 가장 놀란 것은 그의 비전 실현 능력이다. 보통 회사 대표들은 "이것을 이렇게 할 거예요" 하고 대부분 말로 끝나는 경우가 허다한데, 그가 "나는 이것을 할 거예요" 하면 일 년 안에 그 일을 완료했거나 진행중에 있다.

제주도 일도 그렇다. "제주도에 ASP(Asia Space Park)를 만들 거예요" 하며 상상의 조감도를 보여 주었을 때 이게 될까 했는데, 그는 어느 날 제주도에 땅을 샀다며 신나했고, 다음 전화 통화 때는 토지용도변경 처리가 완료되었다고 아이처럼 좋아했다. 그리고 지금은 상상의 일이 아닌, 2025년에 제주도 아시아 우주 파크가 실현될 것이다. 2023년 12월 29일 ASP가 제주도 '투자진흥지구'로 선정되었기 때문이다.

이 아시아 우주 파크에 우주교육/체험시설을 설치하여 우주산업에 대한 이해를 돕고, NASA 캠프나 ESA(European Space Agency) 컨텐츠도 도입하여 민간인들이 우주교육과 체험을 할 수 있게 할 거라니, 분명 제주도의 명소가 될 것이라고 확신한다.

　마음이 따뜻하고 늘 남을 먼저 배려하는 이성희 대표 곁에는 오랫동안 함께해 온 좋은 사람들이 많다. (보통 사업을 하다 보면 이런저런 이해관계로 사람을 잃는 경우가 더 많은데 말이다.) 그래서 컨텍 대전 본사 직원들의 유대감도 정말 좋고, 내가 회사에 앉아 있는지 대학교 동아리방에 와 있는지 착각할 정도도 자유로운 분위기에서 자기 일에 최선을 다하는 모습들이 무한 신뢰를 갖게 한다.

18
나의 영원한 동반자, 에릭

글로벌 사회에서 성공한 여성들을 10여 년간 유심히 살펴보았다. 크리스틴 라가르드(Christine Lagarde) 유럽중앙은행 총재, 셰릴 샌드버그(Sheryl Sandberg) 페이스북 전 COO, 앙겔라 메르켈(Angela Merkel) 독일 제8대 총리 등 이들에겐 모두 공통점이 하나 있었다. 남편이 적극적으로 외조를 한다는 것이다. 남편이 '집사람(House person)'인 경우도 많았다. (한국 사회에서 성공한 여성의 경우는 아쉽게도 골드미스가 많다.)

나는 아직 초보 사업가지만, 한국과 룩셈부르크 출장을 다니는 강도 높은 일을 하면서도 두 딸을 잘 키울 수 있었던 건 남편의 공동 육아 덕분이다.

　2023년 8월 23일, 생후 6일 된 갓난아기를 98만 원에 사서 2시간 후 300만 원에 되판 20대 여성이 재판에 넘겨진 뉴스가 있었다. 어린 엄마가 키울 능력이 없다고 하자, 아이를 갖고 싶은 50대 여성에게 판 것이다. 아이를 입양하려던 그 여성은 절차가 까다롭자 결국 베이비 박스에 유기해 버렸고, 그 아이는 다른 곳으로 입양되었다. 믿기 어려운 대한민국의 2023년 뉴스다.

　1983년 남편 에릭이 홀트아동복지회를 통해 (당시 2세) 입양된 이유는 친부모의 가난과 불화 때문이라고 입양 서류에 쓰여 있었다. 하지만 2023년 현재까지 얼마나 많은 아이들이 국내에서 입양되지 못하고 해외에 입양(심지어 룩셈부르크까지 아직도)되는 것은 한국의 '혈연주의'가 낳은 재앙이지 않을까. 자동차를 만들고, 배를 만들고, 반도체를 만드는 한국에서 태어나는 아기들을 보호하지 못하고 여전히 해외로 보내고 있다니, 한국인으로서 많이 부끄럽다.

　한국의 혈연주의는 입양인에게 입양 후에도 여전히 가혹하다. 두 살 이후 한국말을 잊어버린 남편에게 한국 사람들은 한국어로 소통하기를 은근히 강요하고, 한국 문화를 따라주기를 바란다. 내가 볼 때 그건 그들에게 '조용한 폭력(silent violence)'이라고 정의하고 싶다.

프랑스 코렐리아캐피탈 대표인 플뢰르 펠르랭 전 장관(프랑스 디지털경제부장관, 문화부장관 역임)은 프랑스 입양인으로 한국 기자(조선일보)와 첫 인터뷰에서 "저는 완전한 프랑스 사람입니다. 한국 사람이라고 생각한 적이 없습니다"라고 말했다가 대중의 뭇매를 맞은 적도 있다. 다들 이렇게 비아냥거렸다.

"지가 무슨 프랑스 사람이라고, 피가 한국인인데!"

한번 생각해 보자. 해외로 입양된 아이에게 '그래도 넌 한국 사람이라니까'라고 한국 사람들이 말하는 건 또 다른 제2의 정신적 폭력이다. 입양인 남편과 결혼해 살면서 그런 상황을 너무 많이 마주했다. 유독 택시기사들이 외국어로 대화하는 나와 남편, 한국어로 대화하는 나와 아이들을 보면 궁금한지 항상 물어봤다.

"남편은 어느 나라 사람이에요?"

예전에는 순진하게 "입양된 스웨덴 사람이에요" 하면, 다들 "쯧쯧, 한국 사람이 한국어를 배워야지"라고 했다. 그래서 그 후 "제 남편은 유럽 교포예요"라고 했더니, "아~ 그렇군요!" 하고 더 이상 묻지 않았다. 교포 vs 입양인, 왜 사회적 잣대는 입양인에게 유독 인색한지, 그 심리가 궁금하다. 아마도 우리나라에서 태어나 남의 나라에 버려진 것, 남에게 빼앗긴 것에 대한 되찾고 싶어하는 본능 아닐까.

남편 에릭은 아이를 못 갖는, 그래서 아이를 간절하게 키우고 싶어하던 스웨덴 양부모님의 사랑을 듬뿍 받고 자랐다. 그들은 스웨덴의 가난한 시골 사람이었고, 남들이 별장으로나 쓸 만한 아주 작은 집 반지하가 남편이 유년 시절을 보낸 방이었다. 자연 외에는 친구도 없어, 그 무료하고 심심한 시골 생활을 벗어나고 싶어서 열심히 공부한 그의 유년기 꿈은 경찰이 되는 것이었고, 시골 부모님은 입양한 아들이 경찰이 되어 곁에서 살기를 바랐다.

내가 남편과 함께 당시 한국에서 스웨덴에 입양된 아이들의 현재 삶을 궁금해하니, (당시 스웨덴 학교 사진을 보면 입양된 한국 아이들을 많이 볼 수 있다.) 한 여자아이는 성인이 되어 자아정체성에 대한 혼란으로 남자로 성전환 수술을 했고, 다른 남자아이는 스웨덴 시골의 교도소 감독관으로 일하면서 이혼을 반복했다고 한다.

해외 입양인 중 코렐리아캐피탈 플뢰르 대표처럼 성공한 사람들, 혹은 나의 스웨덴 입양인 남편처럼 클라스레자(Klassresa : 스웨덴어로 계층이동. 노동계급에서 화이트컬러 중산층으로 옮겨 가는 것을 지칭함.) 한 사람의 특징을 보면, 개인적인 절제나 미래에 대한 계획이 확고하다. 누가 공부하라고 해서 하는 것이 아니라 스스로 채찍질해

가며 꾸준히 자기 발전을 이뤄 나간 경우에만 가능한 일이었다.

내가 강남 8학군에서 어머니 손에 이끌려 여기저기 학원을 다니며 누가 시켜서 하는 것이 아니라, 가난한 집에서 스스로 자기 삶을 주체적으로 이끌어 가는 것, 그건 마라톤과 같은 긴 인생에서 큰 차이를 보였다. 외부로부터 스트레스를 받았을 때, 누군가에 기대는 것에 익숙한 나는 문제가 터지면 모래성이 파도에 휩쓸려 가듯 순식간에 무너졌고 회복도 더뎠다. 반면, 스스로 본인을 지킬 수밖에 없었던 남편은 나쁜 일을 당했을 때, 잠깐 호흡을 가다듬으면서 늘 평정심을 유지하고 감정의 기복이 전혀 없다.

경쟁에 익숙한 나는 나와 비슷한 누군가를 늘 비교하며 남의 눈을 의식하지만, 남편은 옛날의 본인, 지난달의 본인, 오늘의 본인 스스로와 경쟁한다. 이것은 지독하게 훈련이 되어야 가능하다. 내가 살아온 무한경쟁과 정글의 법칙은 한국에서 유년기, 학창 생활을 통해 무한 반복학습으로 무의식에까지 침투했기에 어느 날 하루아침에 깰 수가 없었다. 의식적으로 노력하지 않으면 참으로 어려운 일이다.

여러분이 자녀를 키우고 있다면, 언제까지 밥을 차려 주고 아이의 소소한 일상을 매번 챙겨 줄 수 있을까. 자녀의 독립심을 키워 주는 것만이 아이의 '장거리 인생'에서 그들이 가진 진정한 무기이 자 무형 자산이 되지 않을까.

남편이 스웨덴의 가난한 시골아이에서 유럽투자은행 국제기구 공무원이 된 것은, 스스로 끊임없이 동기부여를 하고 다양한 공 부를 하면서 자격증(남편은 MBA를 졸업하고 나서 CFA 자격증을 따겠다 고 하더니 3년이 걸리는 시험에 합격했다.)을 취득한 길고 긴 시간이 있 었기에 가능했다. 원래 꿈이었던 브뤼셀 유럽의회 공무원 시험은 3차에서 떨어졌지만, 일반은행에 다니면서 룩셈부르크에서 야간 MBA를 한 것은 나중에 유럽투자은행에 들어가는 새로운 문을 열 어 주었다. 결국 본인이 바라던 국제기구 공무원이 되었다.

본인의 지금 어려운 환경을 탓하기 전에 어떻게 변화시킬 것인 가에 집중하고, 긍정 확신과 그에 따른 액션 플랜(Action Plan)을 세 우고 실천한다면, 분명히 어려워 보이는 상황을 변화시킬 수 있 다. 뜻이 있는 곳에는 길이 있기 때문에!

나는 오늘도 유럽으로 출근한다

19

룩셈부르크 최초 문을 연
룩스코 코리아비즈니스센터

서점에서 제목만 보고 이 책을 집어든 분이라면, '룩셈부르크'라는 나라에 대한 막연한 궁금증과 함께 유럽에서 학업이나 취업을 하고 싶어하는 청년이거나, 유럽 법인을 만들고 싶어하는 좋은 기술력을 가진 기업인일 수 있다.

룩셈부르크는 사실 유럽의 숨겨진 보석이며, 아직 잘 알려지지 않은 좋은 면이 정말 많은 나라다.

그럼 이제 17년차 룩셈부르크 교민이자 사업가로 살고 있는 필자가 여러분이 가장 많이 궁금해하는 룩셈부르크의 정보를 제대로 소개하고자 한다.

룩스코 코리아비즈니스센터

1) 자녀 교육 : 인종 차별 없는 다문화 교육

해외로 이주하길 원한다면 자녀 교육을 무시할 수 없는데, 룩셈부르크의 가장 큰 장점은 인종 차별이 없는 다양성(Diversity)이 유럽 내에서 최고라는 것이다. 노동인구의 70%가 외국인이고, 전세계 대륙에서 건너온 다양한 사람들로 구성된 매우 안정적인 국가이며, 이들은 최소한 3.6개 외국어를 할 수밖에 없는 시스템이다. 즉 독일어, 불어, 영어, 룩셈부르크어를 기본으로 한다는 것이

다른 유럽 국가와는 비교가 안 되는 큰 장점이다.

특히, 영국이 EU를 탈퇴한 후에 룩셈부르크 정부는 런던의 금융기업과 금융인들을 유치하려고 학비가 완전 무상인 국립 국제학교를 계속 세우고 있다. 실제로 공립 유러피안스쿨을 방문한 적이 있는데, 유러피안스쿨은 영어국제학교와 다르게 졸업을 하려면 기본적으로 유럽 언어 3개를 해야만 한다. 아이들이 학원 사교육 스트레스 없이 자립적으로 공부할 수 있는 훌륭한 다국어 무상 공교육은 유럽에서 룩셈부르크를 따라갈 나라가 없다.

이는 해외에서 기업을 운영하고 가족이 함께 이민을 가야 하는 창업자와 기업인에게 국가 선택은 매우 중요한 문제다. 룩셈부르크에는 다음과 같은 다양한 국제학교가 있다.

프랑스어학교

- School and Lycée Français Vauban in Luxembourg-Gasperich
- Notre-Dame Saint-Sophie school in Luxembourg-Weimershof

영국학제를 따르는 영어학교

- Saint George's international School, located in Luxembourg-Hamm

- ISL, International School of Luxembourg located in Luxembourg-Merl
- the European School in Luxembourg-Kirchberg and Mamer
- the Lycée Michel Lucius in Luxembourg-Limpertsberg

국제학교(IB)

- Lycée public Athenée de Luxembourg in English
- Lycée public Technique du Centre in Luxembourg in French
- Lycée public Mathias Adam in Lamadelaine and Differdange in French
- Private school International School of Luxembourg in English and in conjunction with IGCSE
- OTR International School in French and English
- Private Waldorf school in German and English

유러피안스쿨(EB) : 유럽 언어를 3개 해야만 졸업이 가능한 학제

- Lycée international Lenster in Junglinster LLIS
- Edward Steichen School in Clervaux EIES

- international school of Differdange and Esch-sur-Alzette EIDE

- Anne Beffort International School in Mersch EIMAB

- Mondorf les Bains International School EIMBL

- Gaston Thorn International School in Luxembourg EIGT

2) 가장 낮은 부가세(VAT) 17%(2024년 기준)

아마존, 페이팔 같은 플랫폼 기업들이 유럽에서 부가세를 가장 낮게 부과하는 룩셈부르크를 선호하는 것은 당연하다. 또한 한국 제조기업인 삼화, 키스와이어, 효성 같은 대기업들도 유럽 본사를 룩셈부르크에 두고 운영하는데, 이는 유럽 내 가장 낮은 부가세와 세제 혜택을 무시할 수 없기 때문이다.

스카이프같이 전 세계인을 대상으로 하는 플랫폼 사업의 영수증 발행지가 룩셈부르크라는 것을 아는 사람은 별로 없다. 유럽 법인 본사를 룩셈부르크에 두고 자회사가 필요하면 인근 다른 도시로 확장하는 방법을 추천한다.

3) 유럽의 지리적 · 정치적 중심지

룩셈부르크의 카고룩스(Cargolux)는 유럽의 화물항공사 중 제일 규모가 크며, 화물 운송을 주력으로 하고 있다. 비행기 물자수송에서 룩셈부르크가 유럽의 중심 지역이라는 것을 잘 이용하고 있다. 룩셈부르크에 법인이 있다면 파리, 프랑크푸르트, 런던, 밀라노 등 주요 대도시들이 비행기로 1시간 내 연결되어 일일 출장이 가능하다.

정치적으로도 항상 중립적이고 유럽에서 가장 안전하며, 비즈니스에서 '룩셈부르크 회사'란 스위스와 대등한 대외신뢰도를 갖고 있다. 오히려 요즘은 스위스가 유럽이 아니어서 불리한 점이 더 많다. 룩셈부르크는 독일어와 불어가 공용어여서 양국을 테스트베드(testbed)로 하는 산업을 시작하기에 좋다.

4) 세계 최고 보안 등급의 데이터센터

룩셈부르크 데이터센터는 정부에서 운영하고 있는데, 보안 등급이 세계 최고 레벨이어서 중요한 정보를 저장해야 하는 은행 및

방위산업의 데이터를 다루는 모든 ICT 사업군에서 룩셈부르크의
데이터센터를 선호하고 있다. 데이터 보안이 필요한 플랫폼 기업
에게 룩셈부르크가 최적의 장소일 수밖에 없다. 2021년에는 유
럽의 HPC(High-performance computing), 고성능 컴퓨터센터인 멜
루시나(Meluxina)를 개관했다. 특히, 요즘에 각광받는 AI 산업군
에서 슈퍼 컴퓨팅의 중요성이 부각되고 있는데, 룩스프로바이드
(LuxProvide)는 기술 스타트업들에 파격적인 서비스들을 제공하고
있다.

5) 창업자를 돕는 룩셈부르크 정부기관

창업자들과 파리, 베를린, 룩셈부르크 세 곳을 다니면서 비교했
을 때 90% 이상이 룩셈부르크에 유럽 법인을 설립하려는 강한 의
지를 나타냈다. 가장 큰 이유는 룩셈부르크의 기업 친화정책을 펴
는 정부기관을 다른 대도시에서 찾을 수 없기 때문이다.

룩셈부르크 외교부 산하의 룩스이노베이션(LUX innovation)은 우
리나라로 치면 KITA나 KOTRA의 역할을 하는데, 각 산업군별 담
당자가 최대한의 성과를 낼 수 있도록 각각의 산업군을 관장하는

클러스터(Cluster) 매니저가 도와 준다. 특히, 룩셈부르크의 정부 펀딩과 관련해 유럽 내에서 R&D(Research & Development) 관련 최대 50%(분야별로 다름)의 환급을 받을 수 있다.

예를 들어, 한국 기업인이 프랑스나 독일에서 R&D를 한다면, 더 낮은 환급율뿐만 아니라 환급을 받을 수 있을지 없을지에 대한 기업 검토 및 선정에서도 이미 자국 스타트업 경쟁에서 떨어질 확률이 많다. (인정하기 싫지만, 팔은 안으로 굽는 법이니.) 하지만 룩셈부르크와 같이 자체적으로 룩셈부르크가 배출하는 기술기업들을 해외에서 모시고 와야 하는 경우, 한국의 우수 기술기업들에 대한 우대가 특별할 것은 말할 것도 없다.

6) Work & Life Balance : 워라밸의 끝판왕

일과 삶의 균형을 맞춘다는 것, 저녁이 있는 삶, 주말이 있는 삶, 2주간의 여름휴가, 이런 것들이 삶을 영위하는 데 있어서 얼마나 큰 부분을 차지하는지, 한번 살아보면 예전의 쉼이 없은 삶으로 다시 돌아가기 쉽지 않다.

룩셈부르크의 휴일은 26일인데, 은행 같은 금융권은 30일 이상으로 여름 7,8월 두 달은 모든 게 정지된 듯 업무가 잘 이루어지지 않는다. 그래도 나라 경제가 아주 잘 돌아가는 걸 보면 참 신기하다. 충분한 휴식을 취하는 재충전이 어쩌면 더욱 큰 에너지 기폭제 역할을 하는 것일 수도 있겠다.

워킹맘이라면 회사에 반나절만 근무하겠다고 당당히 요구할 수 있다. 룩셈부르크에서 아이들을 돌봐주는 방과후 학교는 모두 무상이다. 2024년부터는 모든 음악학교(정부 산하)도 무료다. 아이들 유치원 비용은 양쪽 부모의 월급으로 책정되기 때문에 유치원비를 고정으로 정해 말하기는 어렵다. 한 선생님이 돌보는 아이 수가 적기 때문에 양질의 교육을 받고, 숲이 많은 룩셈부르크의 좋은 환경에서 야외활동을 한다. 이곳이 아이들의 천국이 아닐까 할 정도로 자녀를 교육하기에 좋은 나라다.

7) 작은 스위스(La petite Suisse)라 불리는 대자연과 캠핑

이제 한국에서도 캠핑이 하나의 문화로 정착된 것 같다. 캠핑족이 룩셈부르크에 온다면 정말 큰일날지도 모른다. '작은 스위스'라고 불리는 북쪽 대자연의 풍광이 엄청나기 때문이다. 특히,

4인 숙박이 가능한 통나무집(캠핑장) 시설은 하루 50유로도 안 돼 주말에 대자연 속에서 휴식을 취하는 것을 좋아하는 사람에게는 최고의 휴양지가 될 수 있다.

그리고 룩셈부르크에 잠깐 내려서 관광하는 사람들에게는 접근하기 쉽지 않은 곳이긴 하지만, 장기 체류자에게 꼭 권하고 싶은 북쪽의 '뮐러탈' 지역은, 울창한 산림이 스위스와 빼닮아서 마치 스위스에 와 있는 것 같은 착각을 일으킬 만큼 매혹적이다.

8) 세계에서 가장 높은 최저임금, 맥도널드 판매원도 청소부도 월 300만 원을 받는 나라

Applicable minimum wage (gross monthly salary for 40h/week)

Age and qualification	% of the social minimum wage	Gross monthly wages as of 1 October 2021
18 years and over, skilled worker	120 %	€ 2,708.35
18 years and over, unskilled worker	100 %	€ 2,256.95

More details under: https://guichet.public.lu/en/entreprises/ressources-humaines/remuneration/paiement-remunerations/salaire.html

출처 : 룩셈부르크 정부 웹사이트

여기까지 룩셈부르크가 왜 살기 좋고 일하기 좋은지 소개했다면, 이제는 룩셈부르크에서 창업을 준비하는 기업인이나 창업자에게 도움될 만한 정보들을 제공하고자 한다.

다음 웹사이트들을 먼저 참고하면 룩셈부르크에 법인을 설립하고 이민을 오기까지 많은 시행착오를 줄일 수 있다.

1) 룩셈부르크 정부 '기쉐(Guichet)' 창업 관련 A to Z → 준비단계

룩셈부르크 경제부에서 제공하는 법인 설립 관련 전반에 대한 자세한 절차 정보이므로 법인 설립 전에 꼭 읽어봐야 한다.

https://guichet.public.lu/en/entreprises/creation-developpement.html

2) 룩셈부르크 상공회의소 산하 '창업가의 집'(무료) → 실전단계

룩셈부르크에서 창업할 때 어떤 비즈니스 라이선스가 필요한지, 절차에 필요한 서류들을 받고 상담할 수 있는 정부기관이다.

houseofentrepreneurship.lu : House of Entrepreneurship

3) 주한 룩셈부르크대사관(무료) → 최종단계

한국에서 룩셈부르크 법인을 설립할 때 대표자의 룩셈부르크 '체류허가증(Residence permit)'에 대해 대사관과 협의하여 대표자가 현지 체류허가증을 신청하기 전에 한국에서 사전 신청서를 보낼 수 있도록 도와 주는 기관. 법인 설립 시 대표자는 지난 10년간의 '범죄경력조회증명서'를 꼭 제출해야 한다.

서울≫Luxembourg Trade and Investment Office(investinluxembourg.kr)

4) LUXKO KOREA BUSINESS CENTER(By LUXKO, 룩스코 비즈니스 컨설팅사)(유료서비스) → 어느 단계에서나 가능한 민간 컨설팅사

위 업무들을 회사(창업자) 내부인력이 최소 3~4개월 'residence permit-business permit-법인 설립 업무를 해야 하는데, 이때 언어 소통뿐 아니라 현지 회계사무소, 노무사, 법률문제까지 실질적으로 발생하는 복잡한 업무들은 위 기관들에서 대행해 주지 못하므로 LUXKO 컨설팅사는 '발로 뛰는 대행 서비스 업무(꼭 현지에서 이뤄져야 하는 업무 서비스)를 제공하고 있다.

나는 오늘도 유럽으로 출근한다

예를 들어, 세무회계 서비스는 위 기관들이 소개해 준 30~40개 업체 리스트를 일일이 비교하려면 많은 시간과 노력이 필요하다. 대신 룩셈부르크 현지를 가장 잘 아는 경력자에게 맡겨서 가장 적합한 서비스 업체를 만나는 것이 매우 중요하다.

창업자와 기업가에게 시간은 돈과 같다. 법인 설립부터 운영이 되기까지 많은 인력과 시간을 투입할 수 없으므로, LUXKO KOREA BUSINESS CENTER가 현지에서 한국어가 가능한 직원들과 함께 도와 주고자 2023년 4월 룩셈부르크에 처음 문을 열었다.

Website : https://www.luxko.co
Instagram : @luxko_media @luxko_bizcenter
YouTube : @LUXKO_media

여기까지 읽은 독자라면 누군가는 그럴 것이다. '뭐라고? 유럽 법인 설립이 룩셈부르크에서 2~3개월 걸린다고? 한국은 단 하루면 인터넷으로 가능한데, 뭐가 이렇게 복잡해? 다른 나라로 가 볼까? 베를린이나 파리, 프랑크푸르트로!'

당연히 그런 생각을 할 텐데, 프랑스나 독일로 간다고 한들 법인 설립 기간이 줄어들기는커녕 모든 문서가 불어 혹은 독일어로 되어 있고, 정부 공무원들이 영어를 못하기 때문에 더욱 힘들고, 창업을 하고 나서도 현지 단일언어권 문제로 법인 관리가 더욱 쉽지 않은 단점이 있다.

유럽 법인 설립 창업가가 확인해야 할 체크리스트

여기까지 왔다면, 유럽에 법인을 설립하고자 하는 의지가 불타올랐을지도 모르겠다. 하지만 꼭 자가진단을 먼저 해야 한다.

1) 유럽에서 당신 회사가 목표로 하는 시장은 어디인가?

불어, 독일어권부터 시작해 유럽 시장 전체를 목표로 하는가? 그럼 가장 중립국이고 비즈니스 친화적인 룩셈부르크가 맞다. 법인 설립 전 베를린, 파리, 룩셈부르크, 최소한 3개국을 직접 돌아보고 비교해 보라. 최소 4개 국어를 하는 나라(영어, 독일어, 불어, 룩셈부르크어)의 영업직원 한 명을 고용하는 것이 얼마나 유리할지. 그래서 작은 영업 혹은 애프터 세일즈 오피스라도 룩셈부르크에서 시작하는 것이 좋다.

2) 당신의 기업/비즈니스 모델의 기술력이 그 분야에서 우수한가?

국내 시장의 경쟁이 너무 치열하고 유럽에는 아직 기술이 보급되지 않았다면, R&D 개발의 경우 오히려 해외에서 해 보는 것도 좋다. 룩셈부르크 기술대학들은 정부의 연구개발비를 지원받아 우수한 기술이 룩셈부르크를 통해 보급될 때 50%까지 정부지원금을 주고 있다. 대학교나 연구소에 연락하기 전에, 어떤 분야를 해외 협동 R&D를 할지 꼼꼼히 따져보라. 특히, 브뤼셀 주재 KIAT에서 한국 기업의 유럽 R&D 지원 사업도 꼼꼼히 챙겨보라.

3) 치열한 경쟁문화에서 벗어나 질 높은 워라밸을 원하는가?

한국의 저녁이 없는 삶에서 저녁과 주말, 일년 최저 26일 휴가가 보장되는 곳에서 제2의 삶을 준비하고 싶은가? 일과 가족들과의 시간적인 여유, 둘 다 놓치고 싶지 않은가? 룩셈부르크에서 1일 생활권인 파리, 브뤼셀, 프랑크푸르트, 런던, 밀라노, 바르셀로나 등을 저가항공으로 다녀올 수 있는 룩셈부르크는 주말에 유럽 여행을 하기에 최적이다. 그리고 아이에게 최상의 교육(무상 국제학교)이 가능하고, 룩셈부르크 유럽 법인은 스위스와 어깨를 겨루는 최고의 브랜딩을 추구할 수 있을 것이다.

4) 유럽에서 '신규사업'을 시작하고 싶은 투자자인가?

이 책을 읽는 독자가 혹시 F&B 식음료 사업을 하는 투자자라면, 제대로 된 고급 한국식당이 없는 룩셈부르크는 아마도 새로운 보물섬이 될 수 있다. 여기서 '고급'이란, 룩셈부르크 은행업계에서 고객에게 비즈니스 런치를 접대할 수 있는 미팅룸이 있는, 시내 중심 건물에 인테리어가 잘 되어 있는 200평 이상 규모의 한식당을 말한다. 이 정도의 투자가 가능하다면, 먼저 작은 꼬마빌딩부터 구입할 것을 권한다. 그래야 임대료가 줄어들고, ROI(Return on investment)가 빨리 회수될 테니까.

룩셈부르크의 F&B 진입 장벽은 다른 유럽에 비해 매우 높은 편이다. 높은 부동산 가격 때문이다. 시내 웬만한 규모의 고급 식당 주인들은 건물주나 건설사인 경우가 많다. 룩셈부르크의 부동산 가격을 걱정한다면 지난 30년간 부동산 가격 자료를 찾아보라. 룩셈부르크의 유럽 공무원(유럽사법재판소 본부, 유럽의회, 유럽투자은행)들은 은퇴할 때까지 룩셈부르크에서 장기 거주하며 주택을 1채 이상 구입한다. 룩셈부르크는 제2의 모나코처럼 부동산 가격이 떨어질 수가 없는 특이한 경제구조를 갖고 있다.

룩셈부르크는 진입 장벽이 높다, 그래서 더 안전하다

앞의 네 가지 '체크리스트'를 통해 룩셈부르크에서 창업을 하고 싶다고 해도, 법인을 일 년간 운영할 수 있는 1인 기준의 생활비를 포함한 최소한의 투자금(법인 설립, 운영, 생활비 포함) 연간 최소 100,000유로를 현지 은행에 예치하지 않으면 은행계좌조차 열지 못할 수도 있다. 그 이유는 회사 설립 자본금이 12,500유로(private limited liability company, 현지어로는 Société á responsabilité limitée, SARL)라 하더라도, 첫 예치금액이 너무 낮으면 현지 은행계좌가 발급되지 않는다. 그러면 법인을 설립하기 어렵다. 우크라이나-러시아 전쟁 발발 후 은행들의 KYC(Know Your Client) 규제는 더욱 심해졌다. 특히, '해외 스타트업'의 경우 UBO(Ultimate Beneficial

Owner)의 초기 재정 투입이 적다고 생각되면 법인계좌를 열어 주지 않는 경우도 종종 있다.

이 부분도 한국에서 법인계좌를 여는 것이 별로 어렵지 않은 것과 비교하면 창업자에게는 이해가 안 되는 부분이다. 예를 들어, 회사 주주(Shareholder) 중에 미국 시민권자가 있다면, 유럽 은행에서는 더욱 까다로운 KYC를 적용한다. 보통 은행에서는 창업자의 이력서와 학력증명서까지 요구하는 경우도 있으니, 한국 고객들은 말도 안 된다며 기분나빠한다. 유럽 은행들의 규정준수(compliance)법이 지나치다고 생각하는 것이 대부분이다.

따라서 한국에서도 몇 년간 회사 존립이 불투명한, 국내 투자도 받지 못한 초기단계 스타트업(early stage startup)의 룩셈부르크 창업은 절대로 권유하지 않는다. 국내 시장에서도 어떤 성과를 숫자로 내지 못했다면, 유럽에 와서 앞에서 나열한 높은 진입 장벽을 뚫고 법인 운영을 제대로 할 수 있을까? 창업자가 이미 엑시트 경험이 풍부해 현지에서 홀로 정착할 수 있는 경우라면 다르겠지만 말이다.

가장 중요한 것은 창업자가 '영어'를 못하는데 영어가 가능한 전문인력조차 없이 유럽 시장에 진입하겠다고 한다면, 그것도 뜯이 말리고 싶다. 본인이 못한다면 해외사업 전담인력을 키우는 것이 필수다. 대한민국은 스타트업의 해외 IR 사업에 전폭적인 예산을 아끼지 않는 것 같다. 하지만 몇 번 스타트업 행사를 대행했다가 유럽 투자자들에게 쓴소리를 들은 적이 있다.

"Semi, 이 회사들은 한국에서조차 투자자를 못 찾았는데, 유럽에 와서 투자를 받으려 한다고요?"

한국에서 해외에 보내는 기업을 뽑는 정부지원사업의 지원자격을 높이고, 철저히 트레이닝한 후에 유럽 시장에 진입하는 스타트업들이 많아졌으면 한다.

유럽에서 조심해야 할 '해외 비즈니스 사기꾼' 감별법

1) 한국의 정부지원금만 노리는 '무능력'한 해외 컨설팅사

놀랍게도 대한민국은 전 세계에서 스타트업의 정부지원금 예산이 가장 많은 나라다. 이것을 노리고 접근하는 '해외 컨설팅사' 감별법을 꼭 알려 주고 싶다. 이들은 마치 본인들을 통하면 모든 것이 다 잘될 것처럼 얘기하지만, 이들은 그저 '단기적인' 정부 지자체 행사

지원금 따내기에 혈안이 되어 있다. 이들에게는 어떤 회사를 어떻게 유럽에 정착시키는 업무를 했는지, IR 행사를 통해 얼마나 투자 유치금을 받았는지 track record를 꼭 물어보기 바란다. 혹은, 핀테크 스타트업 기업의 유럽 금융 라이센스를 받아 주겠다는 명목으로 엄청난 컨설팅 비용의 선지급금을 요구하는가? 이 컨설팅 사가 성공시킨 핀테크 스타트업의 금융 라이센스를 획득한 사례와 그 비용과 기간에 대해서 먼저 물어보라.

2) 기업에 투자하겠다고 접근하는 외국인(가짜) 투자자

2023년 6월 프랑스 비바테크 한국관에 참여한 '한국 중소기술 기업'의 숫자는 거의 100개에 달했다. 한국 중기부 장관을 비롯한 주요 인사들이 참가한 행사였는데, 이때 큰일날 뻔한 일이 있었다. 룩셈부르크 'holding company' 명함을 가진 중동계 남자가 한국 스타트업에 꼭 투자하고 싶다면서 접근한 것이다.

투자금액은 2밀리언 유로(한화 25억이 넘는). 당신이 창업자라면 이런 상황에서 어떻게 할 것인가? 다행히 룩셈부르크에 17년째 살고 있는 나에게 이 투자자에 대해 알아봐 달라는 요청을 해 와 확인하고 나서 기겁을 한 적이 있다.

이 투자자는 너무나 멋진 회사 소개 웹사이트를 갖고 있었고, 5명의 직원 이름과 이메일 연락처까지 있었다. 하지만 아무도 연락이 되지 않았고, 링크드인으로 나와 연결된 이도 없었다. 앞에서도 말했지만, 유럽에서의 링크드인은 비즈니스에서 사전 검증용으로 사용되기 때문에, 이건 등골이 싸한 신호였다.

그중 회장으로 등록된 한 사람은 '룩셈부르크 회계사'로 어느 정도 신빙성이 있어 보였다. 그래서 수소문해 통화를 해 보니, 그는 단번에 수화기 너머로 나에게 소리를 질렀다.

"그 그럴듯하게 보이는 웹사이트, 유령회사 사기꾼들이에요! 믿으면 큰일나요, 나도 피해자라고요! 내 이름을 도용했는데, 경찰에 신고해도 '동명이인'일 수 있으니 경찰에서 해 줄 수 있는 게 없다고 합니다."

"그런데 제가 한 가지 이해가 안 되는 부분이 있어요. 보통 금융 사기꾼이면 돈을 달라고 하잖아요. 그런데 이 사람은 거액을 스타트업에 투자하겠다고 했거든요."

"그들은 엄청난 금액을 투자하겠다고 하면서 기술기업의 중요한 정보를 빼내 다른 개인 투자자에게 가서 여기에 투자하라고 하는 수법을 쓰고 있어요. 그 사람 연락처 있어요? 내가 연락하면 받지도 않아요. 그리고 제3자(변호사, 컨설턴트)가 개입되면 안 되고, 회사 창업자와 1:1 독대만 원할 거예요. 사기꾼에게 속지 마세요."

이 말을 전해들은 한국 기술기업 대표는, 내가 중요한 정보를 확인해 주지 않았다면 계속 끌려다니면서 중요한 회사 자료들만 넘겨주고 있었을 거라고 감사 인사를 했다. 이렇게 룩셈부르크의 좋은 국가 이미지를 이용한 그럴듯해 보이는 사기꾼들도 있으니, 돌다리도 반드시 두들겨보고 건너야 한다.

3) 회사 지분만 노리는 '지분 사냥꾼들(share hunters)'

유럽 법인 설립 업무를 대행하는 LUXKO의 임무는 컨설팅 완료와 동시에 유럽 현지 법인 설립 시에는 그쪽 회사 한국 대표가 원하는 특정 '외부인'으로 유럽 법인을 설립하는 경우도 있다. 이런 경우 법인 설립 시 주주지분 계약서(shareholder agreement)에 필자가 제3자로 들어갈 수 없기 때문에 한국인 창업자와 유럽 현지 법인 대표가 회사 지분구조에 대해서 상호 협의해야만 한다.

한국 기업인들이 제3자 컨설팅 기업 없이 업무를 진행할 때 큰

실수를 저지르는 경우가 있다. 현지 외국인들은 본인들이 유럽 법인 주주로 회사를 도와 주겠다면서 법인 설립 시 그들이 주주가 되는 구조를 처음부터 제시한다. 당연히 그들이 한배를 탄 사람으로 수익을 나눈다는 의미로 좋게 볼 수 있다. 하지만 아직은 잘 모르는 낯선 사람들이 주주가 되면 그들이 회사의 기대에 못 미치는 일을 했을 때 해고할 수 없다는 것이 가장 큰 복병이다. 즉 힘들게 설립한 유럽 법인을 닫지 않는다면, 이 문제는 절대로 해결이 안 된다. 누군가 회사 지분을 요구할 때는 정말 심사숙고해야 한다.

4) 회사를 언제든지 떠날 준비가 되어 있는 외국인 대표

컨설팅사를 운영하다 보면 비즈니스 사건 사고를 처리해 달라고 급하게 의뢰하는 고객도 있다. 이들은 대부분 처음에 돈을 아끼기 위해 현지 컨설팅사에 의뢰하지 않고 한국에서 직접 업무를 다루다가 사고가 나는 경우가 대부분이다. 특히, 현지 인재를 채용할 때 ADEM(현지 정부의 노동고용청, unemployment agency)를 통해 실제 임금보다 몇 퍼센트 저렴하다고 진행하는 경우가 많은데, 이것은 나중에 회사의 존립을 위협하는 큰 재앙이 될 수 있다.

예를 들어, ADEM을 통해 연봉을 시장가보다 낮출 수 있어서 현지 프랑스인을 룩셈부르크 유럽 법인 회사 대표로 뽑았다고 하자. 영어도 잘 안 통하는 현지 유럽 대표와의 커뮤니케이션은 잘 안되고, 한국 본사 실무진은 영어로 의사소통이 안 되니 슬그머니 지치게 된다.

엎친 데 덮친 격으로 어느 날 갑자기 이 프랑스인이 '정신과의 사' 진단서를 가지고 6개월간 병가를 신청한다면? 번아웃을 합법적 업무상 병가(Sick Leave)로 받을 수 있을 만큼 노동법이 강한 유럽에서 이 법인장은 6개월간 병가를 내고 집에서 휴식을 취할 수 있다. 이 기간 동안 유럽 법인의 운영이 일시정지되고, 월급은 계속 나가게 된다. 회사 돈주머니 운영을 이 현지 대표에게 단독으로 맡겼기 때문에 법인 관련 업무가 전혀 돌아가지 않고, 유럽 법인은 문을 닫아야만 하는 대재앙인 것이다. 시간은 시간대로, 돈은 돈대로 쓰고 망하게 되는 시나리오다.

실제로 이런 일들을 가까이서 보아왔다. 특히, 현지 컨설팅 회사에 지불하는 비용이 아깝다고, 현지 사정을 모르고 한국 본사 실무자들이 대충 알아서 했을 때, 이런 사건 사고는 당연하게 일어날 수밖에 없다.

5) 회사 이름만 주기적으로 바꿔 해외 컨설팅사를 운영하는 이들

현지 컨설팅사가 2~3년을 주기로 회사 이름만 바꾸고 일하는 팀원들은 같은 사람들이라면, 이에 대한 이유를 꼭 확인해 봐야 한다. 마치 식당 주인은 같은데 새로운 손님을 끌어들이기 위해 정기적으로 식당 간판과 인테리어만 바꾸는 것과 동일하다. 회사 이미지를 정기적으로 세탁해야 하는 이유가 무엇인지 꼭 짚고 넘어가라.

20
—
남편 에릭의 의붓삼촌 유품을 정리하며

그레데는 스톡홀름에서 1,000km를 달리면 노르웨이로 넘어가는 길목에 인구 200명이 안 되는 작은 시골 동네 이름이다. 이곳에 살던 남편의 의붓삼촌(스웨덴인)이 양로원에서 사망했다는 부고를 받았다. 미혼으로 알코올중독자, 채무자로 살아온 그에게 남은 가족은 아무도 없었다. 지난해 스웨덴 시어머니가 췌장암으로 돌아가셨을 때도 몸이 불편한 그는 친누이의 장례식에도 참석하지 못했다.

남편과 결혼하고 나서 말썽꾸러기 삼촌이 있다는 것은 알았으나, 시어머니와도 사이가 안 좋았던 그는 양로원에서 여생을 보냈다. 그리고 나는 그를 만날 기회가 없었다. 하지만 그가 세상을 떠나자 누군가 그의 유품을 정리하러 가야 했는데, 아이러니하게도 피를 나눈 친척이 아닌, 먼 한국에서 입양된 남편의 몫이 되었다.

도박으로 파산한 의붓삼촌은 30년간 스웨덴 정부의 기초생활 수급자로 그레데라는 작지만 아름다운 도시에서 나라의 보살핌을 받고 지냈다. 그의 70년 인생은 딱 2개의 종이박스에 담겨 있었고, 우리 가족은 호텔이 단 한 곳도 없는 그 시골 동네 캠핑장에 머물며 그의 유품을 정리했다.

직계가족과도 단절한 채 양로원에서 쓸쓸히 살다 간 한 스웨덴 남성의 유품 박스를 열어보니, 대부분 어렸을 적 부유했을 때의 가족 사진과 좋아했던 음악 CD, 북유럽의 정취가 담긴 100년 가까이 된 그림 한 장, 그리고 정부에서 보낸 '고인이 되었으므로 스웨덴 정부에 진 채무는 청산되었습니다'라는 정산표 한 장이 전부였다.

처음에 이 책을 쓰게 된 건 서울에서 다녀온 장례식장이 계기가 되었는데, 글을 마무리하면서 스웨덴에서 임종한 친척의 유품 상자를 정리하며 다시 한번 우리는 무엇으로 사는가, 미래의 무엇을 위해 오늘을 희생하고 있는가를 생각해 보게 된다.

언젠가 육체는 없어지고 사람들의 기억에서 지인들의 이름도 흐릿해질 때, 우리는 주위 사람에게 과연 무엇으로 기억되고 싶고, 무엇을 남기고 싶은가. 예전에 독일에서 공부할 때 이케아의 광고 문구 "Lebst du in deinem Traum?"(당신은 지금 이 순간, 당신이 꿈꾸던 꿈속에 살고 있나요?)이 마음에 와 닿았었다. 꿈은 꾸는 게 아니라 지금 이 순간 당신이 꿈꿔 왔던, 그 꿈에 사는 게 중요하다는 것. 즉 하고 싶은 것, 가고 싶은 곳, 먹고 싶은 것들이 있으면 참지 말고 바로 실행해 보라는 것이다. 신은 우리에게 많은 시간을 주지 않았으니까. (운이 좋은 사람이라면 4,000개의 주간을 보내게 된다.)

서울에 갈 때마다 육아와 직장생활로 너무 바빠서 자주 볼 수 없었던 친구들이 있다.

"올해는 너무 바쁘네. 다음에 들어오면 보자. 아니 내년에 유럽에 놀러 갈게. 아니아니, 애들 초등학교 들어가면. 아니야, 애들 중학교 들어갈 때. 이제 애가 고등학생이니 꼼짝 못하지, 대학교 들어가면 유럽에 한번 놀러 갈게."

과연 우리는 정말 그럴 수 있을까? 우리가 늘 이렇게 건강하면 좋겠지만, 그런 내일이 오지 않는다면, 서랍 속에 고이 간직해 둔 우리의 인생 버킷 리스트는 어떻게 될까? 먼저 하고 싶은 것을 지금 당장 시도해 보면 어떨까? 우리가 생각하는 내일이 갑자기 오지 않을 수도 있으니까.

터널과 우리 인생의 상관관계

이 책 원고를 준비하던 2023년 8월 여름, 가족과 함께 피오르(fjord) 여행을 했다. 사람들은 대부분 피오르가 얼마나 아름다운지, 노르웨이 하면 피오르의 장관에 대해서만 이야기했다. 아마도 그들은 북유럽 크루즈 관광으로 럭셔리한 배 위에서 피오르를 감상했기 때문에 좋은 것만 이야기했을 것이다.

하지만 피오르를 보기 위해 룩셈부르크에서 왕복 5,000km가 넘는 자동차 여행을 하면서, 노르웨이에 도착해 얼마나 어둡고 긴 위험한 터널(1차선 도로, 트럭들이 다니는)들을 지나가야 하는지는 아무도 들려주지 않았다. 보통 3~6km가 넘는 긴 터널에 한번 들어가면, 도대체 이 터널의 끝은 어디인지, 언제 앞쪽에 빛이 보일까 하는 생각만 들었다. 아니 '1차선 터널에서 운전하다가 앞에 오는 트럭과 부딪히는 건 아닐까, 혹시라도 불이 나면 이 긴 터널에서 어떻게 탈출하지?' 하며 일어나지 않을 일들까지 상상하며 조바심을 냈다.

문득 우리가 살고 있는 인생살이, 우리의 학업, 진로, 창업, 심지어 부모가 되어 겪는 일들도 피오르를 만나러 가는 긴 여정에 꼭 겪어야만 하는 어두운 터널을 지나는 것과 같은 것이 아닐까 하는 생각이 들었다.

터널에 한번 들어가면 우리는 거기에서 다시 나올 수 없고, 묵묵히 조심스럽게 출구를 향해 전진해야만 한다. 결국 저 터널 끝에 있을 멋진 피오르를 보기 위해, 하루 종일 몇 개의 어두운 터널을 지나갔는가. 그 터널들을 들락날락하다 보면 처음에 무서웠던 터널 공포증은 없어지고, 긴 터널이 끝나면 아름다운 피오르가 보일 거라고 훈련된 뇌는 곧 자동인식을 하기 시작한다. 이때쯤이면 터널의 공포는 점점 줄어들고, 터널이 끝나는 지점에 펼쳐진 피오르의 장관을 기다리게 된다.

우리 인생에서 이 어두운 터널을 얼마나 많이 지나가야 하는가. 우리는 항상 그 터널 안에서 얼마나 두렵고 불안한가. 하지만 터널을

나는 오늘도 유럽으로 출근한다

지날 때 함께 가는 동지가 옆에 있다면, 당신을 지지해 주는 사람이 단 한 명이라도 있다면, 그 어두움이 조금은 덜 무서울 것이다.

여러분 인생의 멋진 피오르가 보일 때까지 그 어두움은 절대로 피할 수 없기에 어떻게 즐길 수 있을까 생각해 보자. 그렇게 고생하면서까지 피오르를 만나보기 싫다면 꼭 터널 안에 들어갈 필요도 없다. 이 세상의 모든 사람들이 그 아름다운 피오르를 보려고 멀고 긴 여행을 떠날 필요가 없듯이.

—

"나는 오늘도 유럽으로 출근한다."

지난 20년간 독일, 영국, 스웨덴, 룩셈부르크를 아우르는 유럽 국가에서 사는 동안 크고 작은 인생의 파도를 건너온 이야기와 함께 룩셈부르크 최초 한국 여성 기업가 박승은이 만들어 낸 드림로드를 공유했습니다.

어떤 큰 파도는 저를 너무나 먼 곳까지 몰고가, 다시 제자리로 돌아올 수 있을지 두려웠습니다. 하지만 그런 큰 인생의 파도를 넘으면서 두려움을 피하지 않고 극복해 나가니, 큰 파도는 저를 생각지도 못한 장소로 데려다 주었습니다.

돌아보니 그 큰 파도들을 만나 무섭고 고통스러웠던 기억들은 저를 성장시켜 준 기폭제였습니다. 아프고 부끄러운 이야기가 아닌,

지나온 모든 것들이 은혜였고 인생의 자양분이 되었습니다.

딸들이 자라나는 기쁨 외에도, 여성으로서 사회생활에서 얻는 행복, 즉 돈과 직위 또는 명예를 가져다주는 수단으로서의 일이 아니라, 각 분야의 특별한 사람들을 만나 그들의 삶을 통해 무언가를 배우고 서로 유의미한 관계를 형성하는 것이 가장 즐겁습니다.

또한 지역사회에 봉사하며 룩셈부르크 한글학교가 성장하는 것을 지켜보면서, 우리가 좀 더 지역사회에 관심을 가진다면 어려운 일도 함께 헤쳐나갈 수 있다는 공동체 정신을 배웁니다.

앞으로 인생 후반전에는 또 어떤 파도들을 마주하게 될까요? 그리고 저를 어디로 데려다 줄까요? 피할 수 없는 인생의 파도를 윈드서핑 하듯 룩셈부르크에서 계속 즐겨 보겠습니다.

이상, 룩셈부르크에서 LUXKO 대표 박승은이었습니다.

룩셈부르크 정착 관련 정보를 알려 주는 웹사이트

https://www.tradeandinvest.lu/ www.expatica.com/lu/
www.justarrived.lu/en/ www.luxembourgexpats.lu
www.internations.org/luxembourg—expats

나는 오늘도
유럽으로 출근한다